Cyn torri'r llinyn arian

William Owen

Argraffiad cyntaf: 2019
ⓗ testun: William Owen 2019

Rhif Llyfr Safonol Rhyngwladol:
978-1-84527-695-9

Cyhoeddwyd gyda chymorth Cyngor Llyfrau Cymru

Cynllun y clawr: Eleri Owen

Cyhoeddwyd gan Wasg Carreg Gwalch,
12 Iard yr Orsaf, Llanrwst, Dyffryn Conwy, Cymru LL26 0EH.
Ffôn: 01492 642031
e-bost: llyfrau@carreg-gwalch.cymru
lle ar y we: www.carreg-gwalch.cymru

Argraffwyd a chyhoeddwyd yng Nghymru

Dim ond gair o ddiolch

Ymddangosodd rhai o'r pytiau, erthyglau, sgyrsiau, myfyrdodau, ysgrifau hyn – beth bynnag y dymunir eu galw – eisoes mewn ambell gylchgrawn fel *Y Faner Newydd*, *Llafar Gwlad*, *Taliesin* a'r *Casglwr* er i addasu peth fod arnynt cyn eu cynnwys, ynghyd â nifer o rai eraill, yn y casgliad hwn.

Y mae fy nyled unwaith eto yn drom i'r rhai hynny a fu'n gymorth ar y daith. Fel y mae'n digwydd dyma'r unfed tro ar hugain ers 1981 i bartneriaeth fel hyn ddwyn ffrwyth cydrhwng yr awdur â Gwasg Carreg Gwalch. Diolchir yn llaes i aelodau diflino y Wasg honno yn Llanrwst am bob cydweithrediad, eithr yn arbennig ei golygydd Nia Roberts y bu cydweithio gyda hi bob amser yn ystod y blynyddoedd diwethaf yn gymaint o fraint ac o bleser.

Yn ôl ei harfer bu fy ngwraig hithau yn gadarn dŵr bob cam o'r ffordd ac os, neu'n gywirach pan, rhyw ryfedd ddydd y torrir y llinyn arian hwnnw, yna'n sicr nid â'n angof y cyfryw rai a fu'n cynnal fy mreichiau cyhyd.

Ac er ei ddywedyd o'r blaen, fe'i dywedir eto, y byddai'n o ddu ar unrhyw awdur oni bai am ei ddarllenwyr. Moroedd o ddiolch i chithau.

O ia, fe fu bron imi ag anghofio! Fe ddylid 'mod i ymhell cyn hyn wedi cydnabod yn dra diolchgar ganiatâd parod yr Esgob William Morgan am yr hawl i defnyddio cymal – er ei godi o'i gyd destun – o'i gyfieithiad, o'r chweched adnod o'r ddeuddegfed bennod o *Lyfr y Pregethwr* neu'r *Ecclesiastes*, yn deitl i'r cyfan!

William Owen
Borth-y-gest
Haf 2019

Taliad dyled
wrth gofio
am
Bob a Megan,
Cêt a Brothen

Cynnwys

Heb fwrdd heb ddim

Gan na pherthyn i mi, druan ŵr, y ddawn gyfrin o dreiddio i ddirgelion y dechnoleg gyfrifiadurol ddiweddaraf, arno ef y rhoddaf fy mhwn bob gafael. Wele fi, y funud hon, yn pwyso dau benelin arno, yn crafu pen bob yn ail â tharo'r beiro ar ddalen lân sy'n gorffwyso yn erbyn ei wyneb. Yr hen fwrdd bach! Un a fu'n gyfaill mor driw i mi am yn agos i hanner canrif.

Ie, un bychan ydi o: bwrdd cantilifer hwylus efo coesau pibellog sy'n lapio'n rhwydd am ddyn. Nid bod undim deniadol ar ei gyfyl, cofier. Digon diolwg yn wir – un y bu'r plant 'ma, pan oedden nhw'n blant, yn ei hambygio'n ddifrifol iawn. Bu i'r ci, oedd yma un adeg, yntau adael ei ôl arno drwy gnoi un o'i gorneli. A bellach mae wedi dechrau dangos ei oed i'r fath raddau fel na all yr un dewin ei adfer i'w hen a'i briod ogoniant. Mae'n rhy hwyr ac yntau'n rhy hyll! Ac os bydd sôn bod rhywun dieithr yn bwriadu galw heibio ar ei hald, prysurir i'w sodro mewn cornel guddiedig ac i fwrw lliain drosto i guddio'i wedd dreuliedig a chreithiog.

Ond, pe medrai siarad, diau y byddai digonedd o bethau diddorol i'w dadlennu ganddo. Eithr dyweder a fynner, ac er gwaetha'i holl ddiffygion, fe wn i un peth, y byddwn i'n llwyr ar goll hebddo. Arno ef y pwysais wrth sgwennu bron bopeth a luniais i erioed – pob erthygl, pob ysgrif, pob stori, pob drama, pob cyfrol … pob nialwch! Y gwych (er mai prin odiaeth oedd y cyfanswm hwnnw!) a'r gwachul (y cynhyrchwyd peth wmbredd ohono). O fod yn ysgrythurol gellir haeru mai arno ef y gwnaethpwyd pob peth, eithr hebddo ef ni wnaethpwyd dim ar a wnaethpwyd. A does dim sôn am ymddeoliad parchus i rywle fel Sain Ffagan i'r truan chwaith, oblegid pan ddaw ei ddyddiau yn yr hen fyd hwn i ben, dichon mai'r sgip ar ymyl y lôn fydd ei dynged, heb neb ond mi fy hun i deimlo'r golled ar ei ôl. Wedi'r cyfan, all dyn byth fwrw cyfeillgarwch oes heibio heb ddangos o leia rhywfaint o deimlad. A'r pryd hwnnw, oni fyddaf wedi mynd o'i flaen, ni fydd 'lleithiach grudd' na'm un i, rwy'n eitha siŵr.

Dangoser iddo'r dyledus barch y mae ei wasanaeth clodwiw a'i hir ddyddiau yn ei haeddu felly. Rwy'n cydnabod fy nyled drom iddo ynghyd â'm dibyniaeth lwyr arno wrth imi ymlafnio i biltran rhoi rhywbeth ar bapur unwaith yn rhagor.

Bargeinion rhy rad

Digwydd taro ar rywun o'm hen ardal wneuthum i dro'n ôl: gwraig yn ei thrigeiniau hwyr erbyn hynny, fel y tybiwn, ond un nad oeddwn, waeth cyfadde ddim, yn ei nabod yn rhy dda chwaith. Dim ond bod ei hwyneb yn rhyw led gyfarwydd, felly, er na wyddwn ond y nesaf peth i ddim am ei phedigri hi, fel y dywedir mewn ambell fan. Cyfarfod diwylliannol neu'i gilydd ym Môn oedd yr achlysur, eithr ni chofiwn i'n llwybrau groesi ond ryw ddyrnaid prin o droeon hyd yn oed yn ystod y cyfnod pell yn ôl hwnnw pan oeddwn i'n llafn o gwmpas y lle.

A 'nghyfarch i'n eitha ffurfiol wnaeth hi hefyd: 'Sut ydach chi ers pobeidia, Mistar Ŵan … ' ac ati. A rhyw gytuno ar ansawdd y tywydd wnaethom ni wedyn … bod y ddau ohonom, o drugaredd, yn dal i fwynhau iechyd rhesymol … a bod rhywun ar achlysuron cyffelyb yn digwydd taro ar hen wynebau nad oeddem wedi eu gweld ers tro byd. Rhyw raffu ystrydebau o'u bath fel y bydd rhywun. Ond cyn iddi fynd ar ei hynt mentrodd gynnig un sylw ychwanegol:

'Gwrandwch, mae'n rhaid imi gael deud hyn wrthach chi. Nefi trugaredd! Mi wnes i fwynhau darllen eich llyfr chi.'

A dyna finnau yn teimlo'n syth 'mod i'n cynhesu'n ddirfawr at y wraig a safai yno o'm blaen!

'Pa lyfr oedd hwnnw, tybed?' holais yn lled ddifater eithr yn llawn gostyngeiddrwydd ffug 'run pryd.

'Wyddoch chi be?' ymddiheurodd hithau, 'rydw i yr un sala'n fyw am gofio teityls petha. Ai rwbath … rhoswch chi funud …ai rwbath … *Talcian Glas* neu rwbath … maddeuwch imi, Mr Ŵan … '

'*Robin 'Rengan Las a'i Debyg*, hwyrach, sy gennych chi mewn golwg?' awgrymais.

'Be haru mi, deudwch? Wel ia, debyg iawn. Ac mi ges filoedd o hwyl yn mynd drwyddo hefyd. Ama 'mod i wedi nabod ambell gymeriad oedd gennych chi dan sylw ynddo fo ... '

'Go brin,' dadleuais, wedi anesmwytho peth, 'ffrwyth dychymyg oedd y cyfan, w'chi.'

Ond doedd hi ddim am lyncu'r abwyd hwnnw ar unrhyw gyfri.

'Choelia i fawr. Dowch o'na. Dim peryg yn y byd.'

Roedd y gyfrol arbennig y cyfeiriai ati wedi ei chyhoeddi ers un pymtheng mlynedd ar hugain, ac er mwyn ymnyddu allan o fymryn o hen gornel dyna geisio troi'r byrddau arni.

'Diawch gwyllt! Mae'r llyfr hwnnw yn hen, hen begor erbyn hyn. Lle rydach chi wedi bod? Mae'r hen *'Rengan Las* wedi llwydo ei hoedl bellach, ddyliwn.'

'Wel, dim ond yn ddiweddar iawn, cwta dair wythnos yn ôl i fod yn gysáct, y ces i afa'l ynddo beth bynnag,' dadleuodd hithau. 'Wyddwn i ddim am ei fodolaeth o, cofiwch, nes imi ddigwydd taro ar gopi digon rhacsiog yn cael ei werthu am *symthin* ar un o stondinau sêl *Bring and Buy* Capel Horeb acw.'

'Ac mi welsoch yn dda i'w brynu fo? Wel, chwarae teg ichi.'

'Nefi! Do'n tad. Wnawn i ddim torri am wan an' thri, na wnawn? Faint bynnag ydi hynny yn y pres newydd ma, 'nte.'

Roedd hi'n amlwg nad oedd y wraig, hyd yn oed bryd hynny, wedi dod i ddygymod â chyfundrefn yr arian degol, waeth faint oedd y drefn honno ei hun wedi heneiddio bellach!

'Wan an' thri,' gwaredais, yn methu'n lân â chuddio fy syndod na dygymod â'm siom. A gorfu inni, ar ôl dygn glandro, gytuno mai gwerth rhyw chwech neu saith ceiniog yn arian heddiw oedd wan an' thri.

'Fe fu gen i drwyn am fargian 'rioed, w'chi,' chwarddodd, 'dyna fyddai Morus dlawd acw yn ei ddeud pan oedd o ... ac mi gredis i'w brynu o yn y fan a'r lle. Neb yn gofyn i beth oedd o'n dda ar ddiwedd y sêl, ylwch.'

Roeddwn i wedi nharo â mudandod llwyr a hithau'n dal i sythu ac i refru o'm blaen.

'Dyna'r wan an' thri gorau ges i erioed. Reit inyff ichi. Pryd ydach chi am fynd ati i drio sgwennu rwbath tebyg eto? Wel, da bo chi am y tro, 'ta.'

Ac i ffwrdd â hi, yn amlwg ar delerau da â hi ei hun ar gownt y fargen honedig a gawsai, a chan fy ngadael innau yno i ddwys fyfyrio'n hunandosturiol a phendronog. Un o fy mhlant anwylaf i wedi ei werthu ddim ond am wan an' thri ar stondin *Bring and Buy* yng Nghapel Horeb. Rhyfedd o fyd!

Eithr buan y darganfûm 'mod i mewn cwmni da. Nid bod hynny'n ddim cysur o gwbl i ddyn, cofier. Cwmni llawer, llawer mwy hyglod yn ogystal. Oblegid beth amser yn ddiweddarach digwyddem fod yn Llandeilo, y dref fach hyfryd honno yn Nyffryn Tywi sy'n cael ei gwarchod gan gastell hynafol Dinefwr a fu unwaith yn bencadlys i'r mwyaf, ond odid, o dywysogion y Deheubarth yna, yr Arglwydd Rhys.

Fe ŵyr y cyfarwydd mai'r olwg orau a geir ar dref Llandeilo yw honno o'r ffordd sy'n arwain iddi o Gorslas. O gyrraedd Ffair Fach, ond cyn cyrraedd y bont garreg brydferth dros yr afon, fe ddaw i'r golwg fel 'dinas a osodir ar fryn na ellir ei chuddio'.

I'r rhai sydd â diddordeb yn y cyfryw bethau, mae Llandeilo heddiw yn llawn canolfannau crefft, orielau celf a siopau bwtîg dethol dros ben – digon i godi calon sawl merch gallwn dybio – dim ond y disgwylir i unrhyw brynwr awchus fynd yn ddwfn i'w boced yn gyfnewid am rai o'u nwyddau. Yn wir, fe'm swynwyd gan ambell enw a roddwyd i un neu ddwy o'r siopau yno. Daw'r Coffor Bach neu Nyth y Gwcw yn syth i'r cof. Nid nad oes yno hefyd hwnt ac yma ar hyd Heol Rhosmaen, ei stryd fawr, (fel yn wir y'u gwelir mewn sawl tref arall ledled Cymru y dwthwn hwn) nifer o siopau elusen: Tenovus, Y Groes Goch a'u tebyg. Er mai'r ddeubeth oedd yn serennu arna i o ganol ffenest siop elusen Byddin yr Iachawdwriaeth a'm sodrodd i yn syfrdan wrth fynd heibio, hefyd. Cystal egluro, hwyrach, fod maelfa'r Salfeshion yn Llandeilo wedi ei lleoli mewn safle tra breiniol, dim ond dyrnaid o lathenni ar dop yr allt o dafarn brysur Yr Angel, a llai fyth, dim ond deuddrws, oddi wrth westy enwog y

Cawdor. Dau gam a naid i lawr yr ochr gyferbyn wedyn y mae siop grand gynddeiriog Huw Rees, neb llai – Huw Ffash i'w gydnabod.

Ac yr oedd yr amrywiaeth rhyfeddaf o'r mathau arferol o nialwch a welir mewn siopau elusen yn cael eu harddangos y pnawn hwnnw yn ffenest Byddin yr Iachawdwriaeth. Roedd yno lestri o bob math, o bob lliw a llun a maint a ffurf, yn blatiau, cwpanau, jygiau, tebotau, digon o deganau amrywiol, yn ddoliau a gemau, bagiau llaw a lampau trydan, planhigion plastig ac ambell ddilledyn, clocsiau a sgidiau, hyd yn oed gonsertina a banjo, gitâr wedi colli ei llinynnau a dwy organ geg – popeth y gellir meddwl amdanynt, bron. A mwy na hynny wedyn.

Yn y canol rhyngddynt oll i gyd ac *yn wyneb haul llygad goleuni*, yr oedd dau lyfr wedi eu gosod. Dau lyfr Cymraeg ar ben hynny. Allwn i ddim credu fy nau lygad. Be ar wyneb daear fawr y mae'r rhain yn ei wneud yn y fan hyn o bob man, holais yn safnrhwth. Wel! Wel! Doedd hi 'rioed wedi dod i hyn yn eu hanes. Gwae hwy o'u tynged. Pa fodd y cwympodd y cedyrn? Dau o lenorion mawr fy annwyl Ynys Môn, o bob man, wedi dod i derfyn eu rhawd ddaearol mewn siop elusen yn Sowth Wêls.

Roedd clasur Ifan Gruffydd, Llangristiolus, *Y Gŵr o Baradwys*, wedi ei osod i sefyll yno'n ddigon simsan a llesg ei wedd, ac oni bai ei fod yn cael ei gynnal yn gefn iddo gan gyfrol awdur enwog a galluog iawn arall o'r hen sir fe fyddai wedi cwympo yn fflat ar ei gefn. *Hon, Debygem Ydoedd Gwlad Yr Hafddydd*, nofel Jane Edwards, oedd honno. Nid gormodiaith yw datgan imi gynhyrfu drwyddof o'u gweld.

Allwn i ddim ar unrhyw gyfri eu gadael i ddihoeni yn y fath le. A dyna benderfynu yn y fan a'r lle bod yn rhaid eu hachub ar fyrder. Roeddwn eisoes, wrth reswm, yn berchen ar fy nghopïau fy hun gartre o'r ddwy gyfrol fel ei gilydd, ond doedd bosib na fyddai digon o le ar fy silffoedd i ddau gopi ychwanegol yn ogystal. Oni bai bod pobl Môn yn aros yn driw i'w gilydd, bernais, gobaith bychan oedd disgwyl i anwariaid o'r hen Sowth 'na roi lloches iddynt na dangos rhithyn o barch tuag atynt! A dyna ei gwneud hi'n dalog am y drws i fartsio i mewn i'r siop.

Dacia, doedd y bali lle ddim ar agor! Ond ble'r oedden nhw? Doedd hi ddim ond chwarter wedi tri y prynhawn. Ffordd od gythgiam o gynnal busnes, penderfynais, ac er imi guro a dyrnu, yn wir bron dynnu'r drws i lawr, ni chaed yr un ymateb. Gorfu imi droi ymaith yn athrist a'm melltith yn drwm ar Fyddin yr Iachawdwriaeth gan gymaint fy ngofid o fethu ymyrryd ar ran dau lenor yr oedd gen i gymaint o barch tuag atynt.

Ond doeddwn i ddim am anobeithio'n llwyr, chwaith. Gwyddwn y byddem yn dychwelyd i'r union barthau hynny ymhen rhai wythnosau a doedd dim yn sicrach na rown gynnig arni 'radeg honno. Allwn i ddim credu y byddai hi ar gau yr eilwaith.

Doedd hi ddim ar gau chwaith. Yn wir, roedd ei drws ar agor led y pen pan alwais heibio'r eildro. Roedd hynny oddeutu mis cyn y Nadolig a Llandeilo yn fwrlwm gwyllt am fod Gŵyl y Synhwyrau yn cael ei chynnal yno ar yr union benwythnos. Prin bod lle i stablu'r cerbyd mewn unrhyw faes parcio yno erbyn naw fore'r Sadwrn. Yr holl le'n bedlam gwyllt. Crefftwyr a masnachwyr yn hawlio sawl man agored i osod eu stondinau ac i arddangos eu geriach a phobl yn sathru ei gilydd yn eu hymryson i fynd yn agos atynt, tra 'mod innau druan yn ceisio ymladd fy ffordd i wneud bi-lein drwyddynt i gyfeiriad siop elusen Byddin yr Iachawdwriaeth ar dop Heol Rhosmaen.

Dim ond i ddioddef siom enbyd arall 'rôl cyrraedd. Mae'n wir fod y lle ar agor ond doedd Ifan na Jên ddim yno yn y ffenest i'm croesawu megis cynt. Mae'n wir fod yno yr union 'nialwch, mwy neu lai, â'r tro cynt, ond roedden nhw eu dau wedi diflannu i rywle. A dyna'i gwneud hi ar fy hyll i mewn.

'*Can I interest you with anything?*' holodd rhyw frawd yn eithaf siort o'm gweld, hwyrach, yn brasgamu'n lled fygythiol dros ei drothwy. A dyna geisio egluro.

'*A few weeks ago you had two Welsh books in the centre of your window and I was wondering ...*'

Torrodd ar fy nhraws yn gwta reit drachefn gan gyhoeddi, â pheth dirmyg, fe daerwn, yn ei lais, '*All the Welsh books are in that small section over there. All we have in stock. All at fifty p each. Have a decko, Guv ...*'

A dyna'r dywededig Guv yn cymryd deco ar archiad y gŵr. Er na fûm i fawr o dro â mynd drwyddynt chwaith. Na, doedd 'run golwg o Jane Edwards yn unman. Oedd rhywun wedi cymryd trugaredd arni, tybed, ac wedi rhoi ffiffti pî amdani? Siawns nad oedd rhyw Fonwysyn alltud brwd wedi bod yn ffowla yno o'm blaen. Dyna 'ngobaith i, beth bynnag, a'i fod wedi rhoi cartre da iddi. Ond roedd 'rhen Ifan yn dal yno. Wedi ei ddiarddel o'r ffenest dois o hyd iddo bron ar waelod y peil, yn druan a diymgeledd a heb fod ganddo Jane Edwards, na'r un Jane arall chwaith, i orffwys ei bwn arni mwyach. Ac yr oedd cyfrol arall o'i eiddo, *Tân yn y Siambar*, yn hel llwch wrth ei ymyl. Fforciais bunt o'm poced a'i gwthio i law y dyn oedd biau'r drol, a cherdded allan o'i shanti'n ddicllon.

Hon, debygem, ydoedd gwlad yr hafddydd myn brain! Sgersli, fe daerwn i erbyn hynny. O'r gorau, roeddwn i'n eitha parod i dderbyn, er mor anodd ydoedd hynny, nad oedd *Robin 'Rengan Las a'i Debyg* ddim llawer mwy o werth bellach na'r tipyn wan an' thri hwnnw y talwyd amdano yn *Bring and Buy* Capel Horeb gynt, ond os bernid nad oedd athrylith Ifan Gruffydd na Jane Edwards hwythau chwaith ddim mymryn mwy o werth heddiw na ffiffti-pî yr un, yna fe benderfynais innau fod pethau – a waeth ei ddweud o mwy na'i feddwl o ddim, os goddefer y fath langwej – wedi llwyr fynd i'r diawl! Neu, o'i roi o hwyrach mewn iaith fwy syber, rhaid ein bod o hyd:

' ... o bob rhyw wlad
Y fwyaf dedwydd ein hystâd.'

Er, o feddwl, onid cael ei adael yn anghofiedig, os nad yn ddirmygedig, ydyw tynged sawl clasur tebyg yn y Gymru Philistaidd sydd ohoni bellach?

Rwy'n dal heb fod wedi dadebru'n llwyr oddi wrth effeithiau parlysol y sioc! Brenin trugaredd! Dim ond ffiffti-pî yr un mewn siop elusen am ddau o fân glasuron yr ugeinfed ganrif. Bargeinion rhy rad. Llawer rhy rad.

Trampio coes glec a mewian cath

Cystal cyfadde ddim – er bod peryg dirfawr imi sathru traed ambell un o blith fy nghydnabod o ddatgan hynny – na fûm i erioed yn or hoff o gathod. Nid na fu acw gathod ar yr aelwyd, cofier: dwy i fod yn fanwl, un ar y tro felly, y naill fel y llall yn cario'r un enw, sef Hannah! (Y gweinidog, gyda llaw, ar un o'i ymweliadau bugeiliol a fynnodd eu bod yn cael enw Beiblaidd, ac ar Hannah y syrthiodd y coelbren, er mai stori arall ydyw honno fel nad oes angen manylu yn ei chylch yma.)

Fe ddysgais, o gadw hyd braich iddi, gyd-fyw yn lled – 'lled' ddywedis i, cofier – heddychlon â'r gyntaf o'r ddwy. Ond rhad ar Hannah'r Ail, daethom yn fuan iawn i gasáu ein gilydd â chas perffaith! Hen gnawes oriog, anghymdeithasol, ddrwgdybus, fyr odiaeth ei thymer, haerllug hefyd, ond hynod hirhoedlog fu'r giaman honno. Bu'n llywodraethu'n unbenaethol dros ein haelwyd am bedair blynedd ar bymtheg dragwyddol hir, ac ni fu'r un da rhyngddom hyd yn oed gymaint ag unwaith yn ystod y cyfnod hwnnw a ymddangosai i mi, beth bynnag, yn hwy na thragwyddoldeb. Ni chollwyd yr un deigryn ar ei hôl pan ymadawodd â'r fuchedd hon chwaith, er bod gwraig y tŷ acw yn ei hanner dwyfoli ac yn mynnu achub ei cham wastad. Ac ofer, cwbl ofer fu'm hymdrechion innau druan i geisio'i hargyhoeddi hi nad yw serchogrwydd honedig unrhyw gath yn ddim namyn ymddangosiad. Onid yw ei hosgo lechwrus wrth glosio at rywun yn brawf nad oes ganddi ond y mymryn lleiaf o ymddiriedaeth hyd yn oed yn y rhai sydd garedicaf wrthi ac sy'n dangos unrhyw hoffter ohoni. Na thwyller neb felly. Os yw unrhyw gath yn swatio wrth eich ochr un amser ar soffa, dyweder, cofier mai er mwyn sicrhau tipyn o gynhesrwydd iddi hi ei hun y gwna hynny nid i ddangos yr un rhithyn o gariad at unrhyw greadur. Wedi'r cwbl, mae'n gas gan gathod oerfel!

Nid na ddangosodd cyfreithiau Hywel Dda rywfaint, beth bynnag, o ddyledus barch tuag atynt. Yn ôl y cyfreithiau hynny yr oedd cath fechan, hyd yn oed cyn i honno gymaint ag agor ei llygaid, yn werth ceiniog, ac o hynny hyd oni ddaliai ei llygoden gyntaf yn werth dwy. Pris yn wir a oedd yn dipyn o grocbris bryd hynny, y mae'n sicr. Ond tybed a ellir casglu oddi wrth y prisiau uchel nad oedd rhyw gyflawnder mawr ohonynt ar gael yng Ngwalia yr adeg honno ac mai eu prinder oedd yn rhoi'r fath bris arnynt? Diau hefyd y rhoddid gwerth arnynt am eu bod, o bosib, yn amddiffyn ysguboriau rhag llygod a chnofilod o bob math. Yn wir, y ddirwy am ladd cath oedd gorfod talu swm o rawn a fyddai'n ddigon i orchuddio'n gyfan gwbl gorff y gath farw wrth i honno gael ei dal gerfydd blaen ei chynffon gyda'i thrwyn yn cyrraedd y ddaear.

Eithr amser a ballai i geisio traethu ar lawer o lên gwerin sy'n ymwneud â chathod. Fe'u defnyddid, er enghraifft, i ddarogan y tywydd. Gallent fod yn gyfrwng wedyn i ddynodi ai i'r nefoedd ai i uffern yr âi enaid rhywun marw. (Am imi eu rhempio hyd yma yn hyn o druth, rhad arna i felly rhyw ryfedd ddydd!) Ac onid oedd cred ar led yn ogystal fod gwrachod yn medru troi eu hunain yn gathod weithiau?

Amdanaf fy hun, rwyf am ddal i lynu wrth fy argyhoeddiad mai parasitiaid seicopathig cwbl ddi-werth yw pob cath yn fy ngolwg i. Ond boed heddwch i lwch Hannah'r Ail bellach. Does yr un diben codi rhagor o hen grach yn ei chylch, ddyliwn, gan nad yw hi yma i achub ei cham – yr hyn, credwch chi fi, y gallai ei wneud yn rhwydd ac yn dra huawdl petai hi yn dal i fod o gwmpas ei phethau hyd y lle!

Eithr teg gofyn pam codi'r fath stêm ynghylch cathod yn awr? Dichon eu bod hwythau, chwarae teg, wedi eu creu gan yr Anfeidrol i ryw bwrpas, hyd yn oed os yw'r union ddiben hwnnw yn ddirgelwch llwyr i greadur fel myfi. Ac onid yw'n debygol fod fy marn, neu fy rhagfarn, galwed beth a fynner, yn eu herbyn wedi ei liwio i ryw raddau, beth bynnag, gan rywbeth a ddigwyddodd ymhell yn ôl yn fy ngorffennol rywbryd. Mae un peth o leia yn ffaith: i'r farn honno gael ei chadarnhau yn dilyn ambell ymweliad o'r eiddof â Llydaw yn ddiweddar, ac o gael fy atgoffa o hanes François-René de Chateaubriand druan y bu raid iddo yntau, a hynny mewn cyfnod tra ffurfiannol yn ei fywyd, orfod dioddef cystudd digon enbyd a blin dan ormes rhyw hen gath. Er mai mater digon amherthnasol yn y cyswllt hwn yw ceisio penderfynu ai cath fyw a fu yn ei drwblo ai ysbryd o fath a fu'n ei boenydio.

Sut bynnag, ym mhob gwlad fe fegir glew, decini, ac un o'r glewion a goffeir yn Saint-Malo yn Llydaw yw yr union François-René de Chateaubriand hwnnw, un o fawrion byd llenyddol Ffrainc, wrth reswm. Yno yn 1768 y'i ganed, ac ni chaiff yr un ymwelydd â'r dref hyfryd honno anghofio'r peth chwaith.

Fel yn Stratford, dyweder, neu Haworth yn Swydd Efrog ynghyd â nifer o fannau eraill tebyg yn Lloegr – er nad mor aml yma yng Nghymru chwaith, er cywilydd inni – felly hefyd yn Saint-Malo; ni ellir diystyru'r ffaith bod rhywun tra enwog wedi ei godi yno.

A Saint-Malo yn sicr oedd y graig y naddwyd Chateaubriand ohoni. Onid oes cofgolofn i'r gwron wedi ei sodro'n awdurdodol y tu allan i furiau'r hen dref, ac o fynd i mewn i'r gaer, drwy'r *Intra Muros* fel y'u gelwir, mae'n gwbl amhosib ei osgoi. Mae yno Rue de Chateaubriand, Place de Chateaubriand, Restaurant Chateaubriand, Brasserie Chateaubriand, heb sôn am blatiau a mygiau, cardiau post a phosteri ynghyd â'r amrywiaeth ryfeddaf o gofroddion a phob nialwch, y cyfan yn dwyn llun a delw y gŵr enwog. Mewn gair, Chateaubriand heddiw, Chateaubriand fory, Chateaubriand byth ac yn dragywydd yw hi yno rownd y ril. Bron nad yw dyn yn cael syrffed neu orddos o'r creadur cyn cychwyn.

Er mai bwriadu sôn am gathod yr oeddwn i, Chateaubriand a'i gath yn benodol felly. Eithr rhaid cefnu ar Saint-Malo i adrodd yr hanes hwnnw a chrwydro rhyw ddeng cilomedr ar hugain i'r de cyn belled â thref fechan gysglyd Combourg gyda'i chastell sy'n cysgodi'n nawddoglyd drosti, oblegid yno y mae'r diwydiant Chateaubriand yn fwy llewyrchus fyth.

Codwyd castell nobl Combourg yn ôl yn y ddeuddegfed ganrif, i'r diben o amddiffyn cadeirlan Dol a hefyd i warchod annibyniaeth Llydaw, ond erbyn canol y ddeunawfed ganrif, tad François – René – oedd â'r hawl arno, ac yno yn bathew wythmlwydd y dygwyd yr hogyn am y waith gyntaf. Fe ymserchodd yntau yn llwyr yn y lle – yn wir i'r fath raddau fel y gallai ddatgan rai blynyddoedd yn ddiweddarach yn un o'i gyfrolau hunangofiannol, *Memoires d'Outre Tombe* (Atgofion o'r Tu Draw i'r Bedd) mai wrth sefyllian a synfyfyrio tra oedd yn ymlwybro o dan y coed o gwmpas castell Combourg y daethai i'w adnabod ei hun ac i ddatblygu'r hyn ydoedd.

Er nad oedd pethau cweit mor addawol â hynny ar y dechrau chwaith, oblegid nid dyn i ddandwn ei fab bychan ar unrhyw gyfri oedd y tad. Cafodd yr hogyn ei fagu o dan ddisgyblaeth lem, gwbl haearnaidd, ac yn ei *Memoires* fe geir portread byw gan Chateaubriand o'r tad hwnnw a oedd yn greadur echreiddig dros ben, un a gâi ei feddiannu'n eitha aml gan hyrddiau o felancoli.

Y ddefod gyson wedi swpera bob nos oedd i'r teulu ymneilltuo i ryw fath o lolfa anferth yn y castell, ystafell hir wedi ei goleuo ag un gannwyll yn unig. Gydag ochenaid drom fe syrthiai'r fam ofnus yn lluddedig ar ryw soffa yno tra swatiai François-René, ynghyd â Lucille, ei chwaer, wrth lygedyn o dân na ddôi'r nesa peth i ddim gwres ohono, a thra bod y penteulu am hydion yn cerdded yn ôl ac ymlaen, ymlaen ac yn ôl, ar hyd-ddi ond heb ddweud yr un bw na'r un be wrth yr un ohonynt. Ac am ei bod yn ystafell mor hir a'r golau yno mor egwan, fe fyddai'n diflannu o'r golwg cyn cyrraedd y pen pellaf gan ailymddangos cyn hir fel trychiolaeth mewn tiwnig wen a chap o'r un lliw a'i wyneb yn gwbl welw. A doedd wiw i'r un ohonynt yngan yr un gair yn ystod y ddefod feunosol honno. Ddôi dim chwaith i dorri ar undonedd diflas eu bywyd yno, na chwaith neb i guro'r drws i edrych amdanynt, tra bod y llyn a'r coed a'r rhostir oddiamgylch, y cyfan yn anadlu rhyw brudd-der trymaidd. Yna, âi pob un i'w gyfeiriad ei hun. Roedd pob aelod o'r teulu â'i ystafell wely mewn rhannau gwahanol o'r castell ac ymhell oddi wrth ei gilydd.

Cysgai François-René mewn cell unig yn un o'r tyrau, Tŵr y Gath fel y'i hadweinid. Yr oedd coel ar led bod un o gynberchnogion Castell Combourg, un a chanddo goes glec ac a fuasai farw dair canrif ynghynt, yn dychwelyd (o leia ei ysbryd, felly) yno ambell waith. Ac yn amlach na pheidio dim ond y goes bren a fyddai'n crwydro o gwmpas, ac fe'i clywid yn mynd ac yn dod yn trampio ar hyd y coridorau llaith, yn stryffaglio i fyny'r grisiau neu yn drybowndian i lawr iddynt, a chyda chath ddu bob amser yn ei ddilyn.

Gellir yn rhwydd ddirnad pa effaith gâi hynny ar yr hogyn. Druan ohono â'i ddychymyg byw yn ei flynyddoedd ffurfiannol, yn unigrwydd oer ei gell. Gyda'r tylluanod yn hwtian yn y coed o gwmpas, y glaw yn curo'n erbyn y ffenestri, y gwynt yn ratlan y drysau ac yn chwibanu drwy dyllau'r clo ynghyd â mewian tybiedig y gath, doedd ond y nesa peth i ddim cwsg i'w gael. A hyd yn oed pan syrthiai i gysgu byddai'n siŵr o ddeffro yng nghanol hunlle, yn chwys oer drosto a heb yr un enaid ar gael i gynnig unrhyw fath o swcwr iddo.

Ac ar un achlysur fe gawsom ninnau'r fraint – os braint hefyd – o ddringo i fyny hyd at y gell honno'n uchel yn y tŵr i weld drosom ni ein hunain, fel petai. Nid yn annisgwyl roedd yn yr ystafell bob mathau o greiriau amrywiol a berthynai unwaith i'r gŵr enwog, nid yn unig rai o gyfnod ei blentyndod ond hefyd rai wedi iddo dyfu'n ddyn: ei ddesg, ei gadair freichiau, rhai medalau, rhai llythyrau ac, ar fy ngwir, mewn cornel wrth y ffenest yn rhythu arnom o'i chas gwydr yr oedd gweddillion erchyll o anolygus hen gath ddu ddanheddog. Daethai rhywun o hyd iddi wrth godi planciau pydredig cyn gosod llawr newydd yno rywbryd. Fel y mae'n digwydd, mae'r castell o hyd ym meddiant disgynyddion Chateaubriand ac yr oedd un o'r perchnogion diweddar wedi trefnu i arddangos y gath mewn lle amlwg er sicrhau parhad y chwedl. Plentyndod fel hynny, felly, gafodd y llenor mawr, un o arloeswyr pennaf y Mudiad Rhamantaidd yn Ewrop.

Oddeutu Calan Gaeaf y llynedd oedd y tro diweddaraf i ni gyrchu yno. Mae'n wir bod y llwybrau yn dal yn eithaf sych wrth inni gerdded ar hyd-ddynt o dan y coed, yr union lwybrau y cerddasai ef ei hun droeon gynt ar eu hyd, ond roedd brath ar yr awel, y dail yn prysur gwympo ac yn drwch o dan draed ym mhobman. Ond nid oedd mynediad i'r castell yn bosib canys yr oedd tymor yr ymwelwyr drosodd a'i ddrysau, dros dro, wedi cau. Yr unig beth y gallem ei wneud oedd troi ein golygon i fyny at un o'r ffenestri yn uchel yn un o'r tyrau, a dwyn i gof pa mor galed oedd hi ar y bachgen yn crynu gan oerfel ac yntau wedi ei gloi, yn wir ei gaethiwo, yno mewn hen ystafell dywyll yn gwrando drwy gydol hir y nos ar rywun a oedd yn berchen coes bren yn trampio ac yn tap tapio yn ôl a blaen, ymlaen ac yn ôl ar hyd y coridorau, a hynny'n achlysurol i gyfeiliant y sŵn rhyfeddaf, sŵn rhywbeth tebyg i fewian cyson ryw hen ...

Go damia hen gathod!

Rhodd o ddyfais syfrdanol newydd

Y ffaith amdani yw 'mod i wedi hen ddiflasu ar refru rhai hynafiaid o'm cenhedlaeth i sy'n mynnu oddeutu'r Dolig edliw i blant heddiw mor freiniol ydyn nhw yn cael y fath amrywiaeth o drugareddau costus yn anrhegion rhagor nag a gaent hwy gynt.

'Mor lwcus ydach chi wir,' haerant fel tiwn gron o ddoethineb honedig eu penwynni, 'yn cael bron bopeth fynno'ch calonnau chi. Yn eich hoed chi 'stalwm fe fyddem ni'n hynod lwcus o gael dim ond oren ac afal, dalltwch chi ... bla, bla, bla!'

Nid dyna, yn sicr, oedd fy mhrofiad personol i gynt – er nad oeddwn innau chwaith, prysuraf i bwysleisio, ond mab i ddyddynwr cyffredin iawn ei amgylchiadau.

Rywbryd tua canol pedwardegau'r ganrif ddiwethaf oedd hi, a minnau, er na chofiaf yr union flwyddyn, ar gychwyn, neu newydd dreulio tymor byr, yn yr ysgol uwchradd. Mae'n wir bod y rhyfel wedi dod i ben erbyn hynny ond roedd hi'n adeg eitha caled o hyd a'r dogni tragwyddol heb ddod i'w derfyn. Eto i gyd, ac ar waetha popeth, ar gyfer Nadolig y flwyddyn arbennig honno fe roed yn fy hosan anrheg syfrdanol o newydd, un nad oedd wedi ymddangos ar y farchnad ond ers ychydig iawn o fisoedd ynghynt. Mi gefais *Feiro*!

Beiro? Dim ond beiro, meddir! Ia, dim ond beiro. Ond peidied yr un copa walltog â rhyfygu i ddirmygu na dibrisio'r fath rodd ymddangosiadol ddi-werth a rhad. R'andros! Nid rhad mohoni – eithr mwy am hynny yn y man.

Er nad fo, hwyrach, oedd y cyntaf i biltran â'r syniad o lunio pen ysgrifennu blaengrwn o'i fath, i newyddiadurwr o Fwdapest, un László Józef Biró, y rhoddir y clod haeddiannol heddiw am ddod â'r peth i fwcwl. Wrth ymhel â'i orchwyl beunyddiol o ddarllen a chywiro proflenni roedd o wedi hen ddiflasu ar orfod ail a thrydydd lenwi ei lifbin (*fountain pen*) ag inc wastad.

Felly ar ddechrau'r tridegau gyda'i frawd, Georg, a oedd yn gemegydd, fe aeth ati i arbrofi ar geisio llunio teclyn nad oedd angen ei lenwi'n rhy aml ag inc ac ar yr un pryd a fyddai'n sychu'n syth o'i ddefnyddio heb fod unrhyw beryg o adael blot ar ei ôl i anharddu unrhyw dudalen.

Erbyn 1938 yr oeddynt wedi sicrhau hawliau patent i'r ddyfais fel eu bod, bum mlynedd yn ddiweddarach, yn cychwyn ar yr ymgyrch fawr i warantu cydnabyddiaeth fyd eang iddi ac i ddenu cefnogaeth ar gyfer ei chynhyrchu.

Y cam nesaf oedd symud i'r Ariannin ble llwyddwyd mewn dim o dro i ennill cefnogaeth ariannol i'r prosiect ac y sefydlwyd ffatri i'w chynhyrchu.

Cyn hir daeth y Saeson i gydnabod gwerth a phosibiliadau enfawr y darganfyddiad. Cymerwyd Cwmni Biro drosodd gan Gwmni Bic a dyna'r ddyfais wedyn yn llifo i bob cornel o wledydd Prydain.

Bellach, wrth reswm, fe gynhyrchir y beiro bron ymhob gwlad ledled y byd ac fe geir yr amrywiaeth ryfeddaf ohoni o ran prisiau, o ran siapiau, o ran meintiau ac o ran lliwiau. Y syndod yw fod eitem mor fychan, mor ymddangosiadol ddibwys ar un wedd, wedi cyfrannu cymaint i'n bywydau, yn declyn mor anhepgor fel na ellir hyd yn oed feddwl am wneud hebddo – boed stiwdant yn gydwybodol sgriblio nodiadau yn yr ystafell ddarlithio neu'r gŵr busnes llwyddiannus yn ei ecseciwtif swît, yr athro wrth iddo farcio llyfrau ei ddisgyblion wedyn, hyd yn oed y wraig tŷ brysur wrth iddi ffrwcsio i osod ar bapur restr o'r nwyddau y byddai ei angen arni o Tesco ... unrhyw un ohonom, yn wir.

Ond i ddychwelyd at y Nadolig hwnnw pan ddois i yn y Garreg-lefn ddiarffordd ar gyrion gogledd Ynys Môn yn berchen ar y ddyfais ryfeddol honno. Os cofiaf yn iawn, fy rhieni oedd wedi digwydd gweld hysbyseb yn un o'r papurau Sul amdani. Nid y byddem ni yr adeg honno yn darllen nac yn prynu unrhyw bapur Sul, cofier. Gwarchod pawb! Oni allech beryglu iachawdwriaeth dragwyddol eich eneidiau o ymhel â gweithgaredd mor honedig bechadurus. Na, yn sicr iawn, doedd y *News of the World*, na'r *People* na'r *Empire News* byth yn cael tywyllu drws ein haelwyd ni ar y seithfed dydd! Yn amlach na pheidio, eu cael gan gymydog ar fore Llun y byddem ni. Gellid pori ynddynt gyda chydwybod cwbl lân wedyn. Rhyngddyn nhw â'u potas y rhai a fyddai yn eu cynhyrchu, yn eu gwerthu, yn eu prynu, neu yn eu darllen ar y dydd sanctaidd, ond fe fyddem ni, o fwrw cipolwg drostynt ar fore Llun, yn gyfan gwbl gadwedig! O leia dyna'r ffordd dra hunangyfiawn yr oeddem ni yn ei gweld hi bryd hynny. Roedd y cyfan oll i gyd yn gwneud synnwyr perffaith.

A doedd y beiro gynta honno ddim yn declyn ry rad i'w brynu chwaith. Mae'n wir y gellir cael bocsiad llawn ohonynt am ryw *symthin*, fel y dywedir, yn hyn o fyd ond er na chofiaf faint yn union fu'r ddamej amdani y Dolig hwnnw, mae gen i ryw syniad, rhwng y cludiad a phopeth, na chafodd fy rhieni fawr o newid allan o bunt am y pwrcasiad arbennig i'w roi yn hosan yr hogyn. Ac yr oedd punt yn mynd yn eitha pell bryd hynny.

Ac roeddwn innau wedi gwirioni'n llwyr o'i chael, ac yn destun eiddigedd mawr o du fy nghymrodyr. Hwyrach nad wyf heddiw'n ddigon hen i gofio imi erioed orfod ddefnyddio pluen a chwilsyn fel rhai o'r hynafiaid gynt wrth sgriblio rhywbeth ar bapur, ond fe gofiaf yn dda a minnau yn bathew yn y Bebis 'slawer dydd orfod defnyddio pensal garreg ar lechen, neu'n wir y profiad efo pin dur wedyn gyda'r sbleddach o flotiau duon di-ri a oedd yn debyg o ymddangos yn sgil boddi'r *nib* yn llawer rhy ddwfn yn y pot inc. Am y beiro, wel dyna oedd rhywbeth cwbl chwyldroadol.

Er nad wyf am wadu na fu peth drwgdybiaeth yn ei herbyn i gychwyn hefyd. Ond onid dyna dynged pob dyfais newydd?

Tueddid gan rai i gredu fod sgrifennu â beiro yn dod yn llawer rhy rwydd o'i gymharu â'r gofal a gymerid o ddefnyddio'r pin dur. A bod yr effaith yn flerach, ac yn fwy ffwrdd-â-hi, fel petai. Yn wir, fe fyddwn yn llai na gonest pe dywedwn na fu gen i fy hun ragfarn yn ei herbyn pan oeddwn yn athro ysgol gynt – er na pharodd hynny'n hir, chwaith. Sut bynnag, rwy'n gwbl barod heddiw i gyhoeddi'n huawdl ar bennau'r tai fy nyled bersonol ddifesur a'm dibyniaeth lwyr ar ddyfais y bonheddwr Biró o Fwdapest. Arswydaf rhag meddwl beth fyddai fy hanes i wedi bod hebddi. Fel y mae'n digwydd rydw i'n dioddef yn ddifrifol iawn oddi wrth y dwymyn hynod anffodus honno a adwaenir fel anllythrenogrwydd cyfrifiadurol! Waeth cyfadde ddim mai mynd heibio'n llwyr i mi a wnaeth yr holl hwylustodau technolegol diweddaraf hynny sy'n gymaint o gaffaeliad i unrhyw awdur ac ymchwilydd yn hyn o fyd. Pob hwylustod, hynny yw, ond yr hen feiro annwyl! Coffa da am y Nadolig pell yn ôl hwnnw bellach pan fu i'n llwybrau groesi am y tro cyntaf, llwybrau a fu'n cyd-redeg mor hapus a chytûn wedyn yr holl flynyddoedd hyn.

Ia, yn sicr iawn, rhesymol ddyletswydd creadur fel fi a fu yn ymlafnio yn awr ac yn y man i ennill mymryn o damaid drwy ysgrifennu ambell i beth a gorfod nodi'r cyfan o'm hymdrechion, pob llythyren, pob gair, pob drafft yn llafurus mewn llawysgrifen, yw canmol i'r entrychion weledigaeth fawr László József Biró.

Moroedd o ddiolch i ti, yr hen fêt.

Ar ôl ennill 'Special Place'

Wn i ddim o ble ar y ddaear y daethon nhw acw. Swpyn o ryw hanner dwsin a rhagor o hen rifynnau o gylchgrawn y *Llangefni County School* o dridegau y ganrif ddiwethaf. Dod o hyd iddyn nhw wnes i yn llwydni byw ar waelod isa' hen focs yn y daflod. Pethau digon tenau eu hoedl ar ben hynny, yn amrywio rhwng un ar bymtheg a rhyw ddau ddwsin o dudalennau y tro, a'u clawr rhuddgoch gan W. Mitford Davies yn dangos bachgen yn dringo clogwyn i gyrraedd lamp wedi ei gosod ar y copa. A'r pris o 6d am bob copi wedi ei sodro'n annileadwy o dan y teitl.

Ac ydi, y mae'n ddirgelwch llwyr sut y bu iddynt ddod yn eiddo i mi. Wedi'r cyfan, fu gen i erioed fawr o gysylltiad ag Ysgol Sir Llangefni er imi nabod nifer o'r rhai a fu'n ddisgyblion yno, wrth reswm. Onid i'r Ysgol Uwchradd yn Amlwch y cyrchodd fy nghenhedlaeth i unwaith y sefydlwyd Ysgol Sir yno ar ddechrau'r pedwardegau? Cyn hynny, mae'n wir mai i Langefni y cyrchai'r rhai a lwyddasai yn arholiad y sgolarship.

A rhifyn y *Summer Term 1933* a aeth â'm sylw'n benodol, un sy'n agor gyda dwy dudalen o'r hyn a elwir yn *Editorial Notes*. Ysgrif neu ddwy arall hefyd yn y Saesneg cyn iddynt gael eu dilyn â dwy gyffelyb yn y Gymraeg wedyn mewn ymdrech, fel petai, i adfer y cydbwysedd. Hoffais yn arbennig druth gan un Norman Williams o Ddwyran ar *Afon Menai*, un arall dan y teitl *Sebon*, sef cofnod o un o dripiau'r ysgol i Bort Sunlight wedi ei lunio gan ryw Eirwen St John Williams. Er nad *ryw* Eirwen St John Williams chwaith. Onid Eirwen Gwynn, neb llai, oedd hi yn ddiweddarach?

Cerdd ar y testun *Sports Day* sydd gan H. Eluned Jones 2A, un sy'n agor fel â ganlyn:

On the banks of river Cefni
All the girls were bright and merry,
Wearing shorts and coloured blouses
Like the flowers on summer mornings ...

Beth ddaeth o H. Eluned Jones 2A tybed? Yn wir, yn y Saesneg bron yn ddieithriad y canai beirdd y rhifyn. Ceir hefyd *A Summer Sonnet* gan ryw T.C. ac ymdrech ar lunio cywaith ar y testun *Magna Carta* gan ddisgyblion 2B.

Ceir adran sy'n cyfeirio at lwyddiannau academaidd rhai cyn-ddisgyblion, rhestr faith ac eitha cyflawn o enwau'r buddugwyr yn y mabolgampau blynyddol, nodiadau ar ornestau tenis, ynghyd â manylion am yr ymrysonau rhwng y gwahanol dai, Aethwy, Mona, Celyn a Menai, ar y maes criced – y deunydd arferol y gellid ei ddisgwyl mewn cyhoeddiad o'i fath.

Er mai tudalen olaf un rhifyn y *Summer Term* hwnnw o 1933 a hawliodd fy sylw pennaf i, sef rhestr yn nhrefn eu teilyngdod o'r rhai a lwyddasai i ennill *Special Places*, fel y'u disgrifid, ar gyfrif eu perfformiad yn yr arholiad mynediad i'r Ysgol Sir a gynhaliwyd ym mis Mehefin y flwyddyn honno.

Roedd cyfanswm o gant a saith deg wedi eu pwyso yn y glorian a'r arholiad wedi ei gynnal mewn pump o ganolfannau gwahanol, yn Llangefni a Llannerch-y-medd, yn Amlwch a Niwbwrch a Brynsiencyn. Nifer wedi cynnig ond pan gyhoeddwyd y canlyniadau, ychydig cymharol oedd wedi eu derbyn, llai na thraean o'r ymgeiswyr: hanner cant a phump i fod yn fanwl. Ac ar frig y rhestr yn serennu yr oedd un Glenys McDonald o Brynsiencyn C.S. Tybed yn wir beth a ddaeth ohoni hithau?

Pedwar o'r 'Carreglefn C.S.' sydd arni, dau fachgen a dwy eneth. Yn lled agos i waelod y rhestr, ond er hynny ymhlith yr etholedigion, y rhai cyfiawn a'r cadwedig felly, y gwelwyd enw Elisabeth M. Pritchard tra bod Megan Williams wedi ei gosod yn bedwaredd ar hugain. Bu i'r bechgyn ddisgleirio hefyd: Harold E. Roberts yn ddeuddegfed a Harry Owen yn

ddeunawfed. Etholedigion yn wir, a chryn glod i ysgol fechan
a'i phrifathro mewn ardal wledig led anghysbell.

Mae'n wir na wn i bellach ond y nesaf peth i ddim am hynt
a helynt tri o'r rhai a enwyd na beth fu eu hanes yn
ddiweddarach yn eu hoes. Ar yr Harry Owen hwnnw y
canolbwyntiais fy sylw yn arbennig – Harri Pengraig fel y'i
hadwaenid. Wedi'r cyfan nid bychan o orchest oedd ei osod yn
ddeunawfed ar restr o gant a saith deg o ymgeiswyr. O gydio
ynddi yn yr Ysgol Sir, diau y byddai'r llwybr i gyfeiriad gyrfa
lewyrchus wedi ymagor yn unionsyth o'i flaen wedyn. Roedd yr
arfogaeth ganddo i gael joban coler a thei!

Er mai'r ffaith amdani yw na allodd yr Harry Owen hwnnw
fanteisio ar y cyfle yr oedd ei lwyddiant yn ei gynnig iddo. Mab
i was ffarm cyfyng a thlawd ei amgylchiadau oedd o, y trydydd
o bedwar o blant, a'i fam yn haf 1933 yn feichiog ac yn disgwyl
ei phumed plentyn. Roedd Meri, ei chwaer hynaf, yn bymtheg
ac ar fin mynd dros y nyth i weini, Nel yn dair ar ddeg, Harri ei
hun yn unarddeg, Now yn naw, ac ar y cyntaf o Ionawr 1934 fe
aned Bob, er mai plentyn gwachul fu hwnnw, druan. Yn wir,
cwta wyth mis y bu fyw. Fe'i collwyd ddechrau Awst y flwyddyn
honno.

Er ei fod wedi ennill ei le yn anrhydeddus yno, pa obaith
felly oedd gan Owen a Magi, ei rieni, i anfon yr hogyn Harri i
Langefni. Nid eu bod yn ddibris ar unrhyw gyfri o'r manteision
y gallai addysg mewn Ysgol Sir eu cynnig i'w hepil, eithr dim
ond deunaw swllt oedd cyflog wythnosol y penteulu ac fe olygai
gost na allent hyd yn oed ystyried ei fforddio. Yn wir, tynged
gyffelyb a ddaethai i ran Nel, ei chwaer, ddwy flynedd ynghynt
ac a fyddai'n wynebu Now yntau ymhen dwy flynedd arall – er
eu bod hwythau yn ogystal wedi llwyddo yn arholiad y
sgolarship. Roedd y drws wedi ei gau yn glep yn eu hwynebau,
felly. Dyna'r math o ffawd hynod greulon a'u hwynebodd, er
mai dyna fel yr oedd pethau, debyg, yn ystod tridegau y ganrif
ddiwethaf. A gorfod aros yn ysgol y pentref nes ei fod yn bedair
ar ddeg fu hanes Harri, ac yn dilyn hynny doedd dim ar ei gyfer

ond troi allan i weini ffarmwrs fel ei dad, a chan gychwyn ar y rheng isaf un fel gwas bach, y diystyrraf a'r distadlaf yn y system gast haearnaidd honno a oedd yn rhan mor anatod o drefn gyntefig, ffiwdalaidd ac anghyfiawn.

Nid mai ef oedd yr unig un o bell ffordd, cofier. Onid tynged gyffelyb hefyd a ddaethai i ran llawer o unigolion eraill o'r un ardal yn ystod y blynyddoedd main hynny? Plygu'n wylaidd i'r drefn a oedd fel petai wedi ei rhagordeinio ar eu cyfer yn yr arfaeth fawr ei hun fu eu hanes hwythau. A'u gorfodi i fodloni ar hynny. Doedd yr un dewis arall. A heb suro chwaith, mae'n bwysig ychwanegu.

* * *

Fel rhyw fath o droed nodyn i hyn oll, teg nodi i chweched plentyn y teulu hwnnw, ar gyfrif y ffaith mai ef oedd bach y nyth ac iddo gael ei eni'n ddiweddarach, fod yn llawer mwy ffodus. Roedd pethau wedi gwella'n ddirfawr pan ddaeth ei dro yntau. A fo gafodd y manteision na chawsant hwy. A fi oedd hwnnw.

Miss Jôs Welsh

Peth eitha anarferol, siŵr o fod, yn hanes rhywun fel fi sydd wedi cefnu ar oed yr addewid, fu sylweddoli fod dyrnaid – os un bychan – o rai o'i gyn-athrawon ysgol, hwythau, wedi goroesi ac yn dal yn fyw. Dim ond am ddwy yn unig o'r cyfryw rai y gallwn feddwl amdanynt ar ddechrau 2018. Miss Freda Butcher (Rhydaman) a fu'n athrawes Ffrangeg yn Ysgol Amlwch ar ddiwedd pedwardegau'r ganrif ddiwethaf, un y bûm yn gohebu'n selog â hi oddeutu'r Dolig, oedd y naill, a Mrs Awena Jones, Llanrhuddlad, nes iddi'n gadael ym mis Mai y flwyddyn honno, oedd y llall.

Y fytholwyrdd (fel y tybiais i erioed) Miss Jôs Welsh! Cyd-ddigwyddiad nodedig oedd mai o Forth-y-gest yr hanai hi. Yno yn Nhŷ'r Ysgol, a'i thad yn brifathro, y maged hi ac i Ysgol Sir y Port yr aethai'n unarddeg oed. Droeon yn y gwersi yn Ysgol Syr Thomas Jones y clywsom hi'n ymffrostio yng ngogoniannau Eifionydd. Yn wir, caem ein hatgoffa bron yn feunyddiol ganddi am ragoriaethau Port, prif dref y cwmwd hwnnw, er mai ychydig feddyliem bryd hynny hefyd y byddem ni'n dau ryw ddydd yn cyfnewid brÖydd, hi'n priodi â Ieuan ac yn cartrefu yng ngogledd Môn a minnau yn ardal ei mebyd hithau, ac y treuliwn hanner oes yn athro yn yr union Ysgol Uwchradd yr oedd hi'n gyn-ddisgybl ohoni.

Roedd y berthynas rhyngddi hi a'i disgyblion yn Ysgol Amlwch, fel y cofiaf yn dda, yn un bur anghonfensiynol. Nid yn un nodweddiadol o'r cyfnod, yn sicr. Perthynas agos a chlòs ar ben hynny. Daethai hi yno ar ôl cyfnod byr yn Llanfair Caereinion, yn ifanc ac yn llawn asbri, a heb fod cymaint â hynny o fwlch o ran oedran rhyngddi a rhai o'i disgyblion hŷn. Mwy o ffrind nac o athrawes, math o chwaer fawr yn wir, un yr oedd gennym feddwl y byd ohoni. Hen sbort iawn. Cawsom filoedd o hwyl yng nghwmni Miss Jôs Welsh. Ac addysg dda yn y fargen.

Ac nid ansawdd ein Cymraeg oedd ei hunig a'i phrif gonsýrn chwaith, eithr yr holl gymhlethdodau a nodweddai gyfnod cythryblus ein prifiant – hyd yn oed helyntion carwriaethol rhai ohonom! Hi oedd yr un â'r atebion parod, y cymorth hawdd ei gael mewn cyfyngderau emosiynol, bryd hynny. Iddi hi y byddai llawer yn bwrw'u boliau ac yn ymddiried eu cyfrinachau a'u problemau yn y gobaith sicr y gallai hi eu datgymalu a'u datrys. O leia gwnâi'r catharsis fyd o les, beth bynnag! Roedd yn fath o ofal bugeiliol arloesol a hynny cyn bod sôn am syniadau crand addysgwyr clyfar y dwthwn hwn.

Cofir yn arbennig am y tripiau lledu gorwelion i Stratford, i Gaerdydd ac am wythnos gyfan i Ŵyl Prydain yn Llundain yn 1951. Onid oes yn y tŷ yma'n rhywle lun ohoni yn denau fel cribin a gosgeiddig fel balerina ar Sgwâr Trafalgar a'r colomennod felltith hynny yn hofran o'i chwmpas, yn clwydo ar ei phen ac ar un o'i breichiau! Dyddiau difyr. Dyddiau da. Y byd a'i gyfleusterau, beth bynnag oeddent bryd hynny, a beth bynnag a wnaem ninnau ohonynt, yn agor yn unionsyth o'n blaenau. '*Blessed was it in that dawn to be alive* ...' chwedl y bardd hwnnw gynt. A hithau'n chwarae rhan mor allweddol yn neffro'r *gwanwyn* hwnnw yn ein hanes.

Nid na allai geryddu weithiau, cofier, yn arbennig felly ar yr adegau hynny pan dybiai hi fod ambell un ohonom yn ymddwyn yn anaeddfed. Ac yr oedd pechu yn erbyn Miss Jôs Welsh yn cael ei ystyried gennym yn fwy o bechod na phe caem ein galw i gyfrif am ryw ysgelerdra honedig gan unrhyw athro arall.

Ydyn, mae'r atgofion – a rhai hynod felys ydynt – heddiw yn llifo'n rhwydd. Yn wir, un o uchafbwyntiau'r flwyddyn imi un tro fu galw heibio yng Nghartref Preswyl Towyn Capel i edrych amdani.

Sôn am groeso, bobol bach! Yno yn ei hystafell yr oedd hi, yn pori yn un o'r papurau trymion os gwelwch chi'n dda – y

Guardian onid wyf yn cyfeiliorni. Roedd y *Review*, un o atodiadau'r penwythnos i'r papur hwnnw, mor fuddiol, chwedl hithau, iddi gael darllen yr adolygiadau am y llyfrau diweddaraf fel y deuent o'r Wasg. Sylwais hefyd fod nifer o'r llyfrau diweddaraf a gyhoeddwyd gan y gweisg Cymraeg i'w gweld ym mhobman o gwmpas.

A dyna'r tri chwarter awr difyrra i mi ei dreulio ers tro byd wrth inni'n dau roi yr hen fyd ma'n daclus yn ôl yn ei le.

'A sut mae pethau yn y Borth acw?'

Ei chwestiwn cyntaf un, cyn inni'n dau fynd rhagddom wedyn i drafod bob math o bynciau dan haul, yn ogystal â chyfnewid atgofion am yr hen amser, yn olrhain hynt ein teuluoedd, heb sôn am hel rhai clecs yn ogystal, rhaid cyfadde.

Er ei bod yn dioddef o beth llesgedd fe'i cefais er hynny, y diwrnod hwnnw, yn siriol ei hysbryd, yn canmol ei lle a'r gofal yr oedd yn ei gael, yn hwyliog, yn bryfoclyd, yn ffraeth, yn llawn direidi, a heb fod yr un arwydd o surni nac o hunandosturi ar ei chyfyl. Dim ond ei bod hithau fel llawer ohonom yn tueddu ambell dro i hiraethu am y blynyddoedd coll, am y cyfnod a fu ac a ddarfu bellach.

Roeddwn i wedi dod â chopi o'm cyfrol ddiweddara' i'm canlyn, a chyn imi adael dyma ei chyflwyno iddi – a hynny, rhaid cyfadde, yn lled betrusgar – gyda'r geiriau, 'Da chi, byddwch drugarog, peidiwch â bod yn rhy feirniadol ohoni … ' rhoddodd chwerthiniad cwta cyn chwifio bys yn ddramatig a ffug fygythiol i'm cyfeiriad, cyn datgan, 'Mi a' i drwyddo efo crib mân, dalltwch chi. *Watch out* os do i o hyd i frychau o unrhyw fath ynddo. Fe gaiff y cyfan eu marcio'n blastar efo beiro goch!'

A dyna fi'n cael fy rhoi yn daclus yn ôl yn fy lle yn hogyn ysgol unwaith eto, yn union fel yr oedd pethau yn yr ystafell ddosbarth drigain mlynedd a rhagor yn ôl yn hen academi Syr Tomos yn Amlwch gynt.

A does dim dwywaith na fu hi wrthi'n brysur yn ystod y dyddiau canlynol yn cribinio drwy'r cyfan, yn chwilio am ambell gamdreigliad, neu gamsillafiad o'm heiddo, a oeddwn i'n euog o beidio â dyblu'r 'n' neu'r 'r' ambell waith, o gystrawen amhersain, o idiom estronol, o anystwythder yn yr arddull, o aneglurder yn y mynegiant ac ati ac ati. O'm pwyso yn ei chlorian a'm cael yn brin, gwae fi! Byddai'n syrtan sicr o roi gwybod imi.

Fe fyddwn yn cymryd ataf braidd o gael fy nhrin yn y fath fodd gan rywun arall ond dôi maddeuant llwyr i Miss Jôs Welsh. Byddai ganddi *hi* yr hawl. Wedi'r cwbl disgybl oeddwn, *hi* a'm dysgawdd.

Daeth cerdyn oddi wrthi y Dolig hwnnw fel erioed –

'I Wil, y disgybl annwyl – Cofion cynnes, Awena.'

Chwith sobor yw gorfod dygymod â'r drefn na ddaw un acw eto.

Y ffaith amdani yw i ran o 'ngorffennol innau fynd i'w chanlyn.

Llundain, 1951

35

Dringo'r mynydd ar fy ngliniau

Fûm i fawr o fynyddwr erioed. Fel brodor o Fôn doedd yr un disgwyl i ddyn, rywsut. Roedd copaon pensyfrdan mynyddoedd – wel, mynyddoedd oeddem ni bobl yr Ynys yn eu galw, o leia: Eilian, Bodafon neu, yn arbennig, y Garn a daflai ei gysgodion yn nawddoglyd dros Lanfair-yng-Nghornwy yn ddigon i ryfygu anelu at eu dringo! Ond er cywilydd imi erys Mynydd Caergybi hyd heddiw heb ei goncro gennyf. Rhyw ryfedd ddydd, gobeithio. Eithr pan groesais i ymgartrefu ar y Tir Mawr ac i ganol mynyddoedd â phedigri iddynt roedd y sialensau'n cynyddu'n ddirfawr – yr Wyddfa unwaith neu ddwy, y Cnicht a'r Moelwynion hwythau, Aran Fawddwy hefyd yn ei thro a'r Gader, heb sôn am yr ymdrech arwrol wythnosol i gyrchu i gopa Moel-y-gest. Er nad yw'r piloryn hwnnw'n cael ei wir ystyried yn fynydd all gystadlu â chribau mawreddog eraill Eryri, chwaith.

Ond petawn i'n gwbl onest ni thybiaf y torrwn fy nghalon pe dywedid wrthyf na chawn ddringo unrhyw fynydd arall yn fy mywyd fyth eto. Bu digon rownd y ril yn ddigon. Ac eithrio un. Dim ond un. Er nad un o fynyddoedd Gwalia mo hwnnw chwaith. Ar ben hynny wedyn mae'r un sydd dan sylw gennyf yn fynydd sanctaidd.

Nid yr unig fynydd sanctaidd yn yr hen fyd yma, wrth reswm. Onid yw pob gwlad, bron, yn mynnu hawlio ryw sancteiddrwydd honedig i ambell gopa a ddigwydd fod o fewn ei therfynau? Dyna'r Olympus yng Ngroeg fel enghraifft, neu'r Fuji yn Siapan, yr Agung yn Bali, y Kailash yn Nhibet, Etna yn Sisili, Uluru yn Awstralia bell, Popocatépetl ym Mecsico wedyn, Eferest yntau bid siŵr ac yn sicr Sinai. Eithr eiddo'r Gwyddelod yw Croagh Patrick, a hwnnw a'm denodd i.

Aeth oddeutu hanner canrif heibio, siŵr o fod, ers inni'n dau daro ar ein gilydd am y tro cyntaf. Fy hen gyfaill, Harri Parri, a Nan ei wraig oedd wedi digwydd cyfnewid mans un mis Awst â gweinidog o Swydd Mayo yng ngorllewin y weriniaeth, a ninnau wedi'n gwahodd i ymuno â nhw yno am gyfran o'r amser. Ac â chwech ohonom wedyn wedi ein gwasgu fel pysgod tun i Hillman Imp browngoch Harri, buom yn feunyddiol grwydro ar hyd ac ar led i ymgyfarwyddo â'r holl ardal. Bûm ar sgawt yn yr un rhanbarth ddyrnaid o weithiau wedyn, yn ogystal, yng nghwrs y blynyddoedd, mor ddiweddar yn wir ag wythnos mewn tywydd annisgwyl o ffafriol ddiwedd Hydref a thros galan gaeaf y llynedd.

Rhwng Louisburgh a thref Westport yn Swydd Mayo y mae pentref bach Murrisk. Yng nghanol y pentref hwnnw, union wrth odre'r mynydd, y mae maes parcio hynod gyfleus ynghyd â rhyw fath o ganolfan groeso sy'n cynnwys bwyty a siop yn gwerthu cofroddion ac ati o bob math. Ond gocheled pob ymwelydd diniwed rhag cael ei dwyllo gan y faelfa honno, canys fe godir crocbris ganddynt yno am drugareddau digon di-werth, nialwch y gellid eu cael am lai na hanner hynny mewn sefydliad digon tebyg lai na deucanllath i ffwrdd.

Union ar draws y ffordd i'r maes parcio hwnnw y mae'r Parc Mileniwm Cenedlaethol. Dyna'r fan lle gosodwyd cofadail i'r newyn mawr a drawodd Iwerddon yn ystod pedwardegau'r bedwaredd ganrif ar bymtheg, pryd y bu i dros filiwn o'i phobl newynu i farwolaeth ac y gorfodwyd dros filiwn arall ohonynt i ymfudo am eu hoedl dros yr Iwerydd. Wedi ei chynllunio'n nodedig mewn efydd gan John Behan, cymer ffurf un o'r llongau newyn gyda nifer o sgerbydau'n drawiaol iawn i'w gweld yn crafangu drosti. Nid nepell o'r fan hefyd gwelir adfeilion Abaty Murrisk a fu'n gyrchfan pererindota ar hyd y canrifoedd.

Ond beth am y mynydd ei hun? Wedi'r cyfan, am hwnnw y bwriadwn i'n bennaf sôn. Gellir ei weld o filltiroedd i ffwrdd yn byramidaidd bigfain yn tra arglwyddiaethu dros y tirwedd o'i gwmpas wrth iddo godi i uchder o 760 o fetrau ar arfordir gorllewinol Mayo. Fe hawlia ei le yn hanes Iwerddon ar gyfrif y ffaith mai ar ei gopa, yn ôl traddodiad, y treuliodd Padrig Sant ddeugain niwrnod a deugain nos yn ymprydio unwaith. Amcangyfrifir i'r hen Sant gychwyn ar ei waith cenhadol ymhlith y Gwyddelod yn 432 OC, er na chyrhaeddodd ardal Murrisk am ryw naw mlynedd arall. Mynnir iddo hefyd, ac yntau'n cael ei boeni ganddynt pan oedd ar y mynydd, erlid yr holl nadroedd oedd yno i ryw geudwll gerllaw a adwaenid fel Log na nDeamhan, ac iddo lwyddo i'r fath raddau fel na welwyd yr un neidr byth wedyn yn yr holl wlad. A byth oddi ar hynny, bron yn ddi-fwlch dros bymtheng canrif, bu'r fan yn gyrchfan pererindod. Cyrcha can mil a rhagor yno'n flynyddol, yn fynyddwyr, yn haneswyr, yn archaeolegwyr, yn naturiaethwyr, eithr yn arbennig yn bererinion o argyhoeddiadau crefyddol dwys a defosiynol. Ac onid yw rhai ohonynt yn barod i ddringo'r hen fynydd ar eu gliniau, maent yn eitha parod, a hwythau dan benyd, i'w herio'n droednoeth. Yn wir, ym Mehefin 1961 cafodd yr ardal hyd yn oed ymweliad brenhinol pan welwyd y Dywysoges Grace a'r Tywysog Rainier o Fonaco o gwmpas y lle – er nad yn droednoeth, bid siŵr! Cofio, mae'n ddiamau, a wnaeth Grace ar yr achlysur hwnnw am ei diweddar daid, John H. Kelly, hen batriarch a hanai'n wreiddiol o Drimura, ddyrnaid o filltiroedd i ffwrdd.

Codwyd oratori neu gapel bychan ar y copa yn 1905, ac y mae'r pererindota ato ar ei brysuraf, gyda miloedd ar filoedd yn arbennig yn heidio yno, ar y Sul olaf yng Ngorffennaf (Reek Sunday) a hefyd ar y pymthegfed dydd o Awst bob blwyddyn, sef Gŵyl Dyrchafael Mair Forwyn.

Yn wir, ar yr amod eu bod yn cydymffurfio â defodau a rheolau neilltuol eraill, bu adeg y caniatâi y Pâb yn Rhufain faddeuebau i rai am gwblhau'r pererindod. Bu adeg hefyd pan ellid cyflogi rhywun arall i gyflawni'r penyd ar ran unrhyw unigolyn na allai, neu na ddymunai am ba reswm bynnag, ei gyflawni ei hun. Yn hwylus reit, fe ddigwyddai hen gymeriad o'r enw Bob Binn ar un cyfnod fod â'i gartref ar un o'r llethrau, ac mae sôn iddo, am gyfnod o yn agos i bymtheg mlynedd, wneud celc fach ddigon del iddo'i hun yn gweithredu ar ran pererinion absennol a diog. A hwythau, wrth reswm, yn cael maddeuant llawn am eu lliaws pechodau yn y fargen!

Ond teg, hwyrach, ar y terfyn fel hyn yw holi beth yw'r apêl sydd yn y sôn am bererindota i fannau honedig gysegredig, y sôn hefyd am gyflawni penydiau hunanymgosbol a'r orfodaeth i gydymffurfio â defodau cyfriniol ac ati i aelod selog – o leia, lled selog beth bynnag, er nad o argyhoeddiadau gwir danbaid bob amser chwaith – o'r Hen Gorff? Cwestiwn digon teg, un y bu i ddyn bendroni llawer yn ei gylch, a chwestiwn sy'n dipyn haws ei ofyn na'i ateb.

Er, mi wn un peth, sef i Croagh Patrick ers cryn flynyddoedd fy nenu ato ac iddo fwrw ei hud drosof – yn arbennig felly pan fo niwloedd tragwyddol Tachwedd yn cyniwair ar ei lechweddau, fel yn wir y gwnaethant ddim ond rai misoedd yn ôl pan oeddem yn yr ardal ddiwethaf. Mae ef a'r dirgelwch sydd o'i gwmpas yn mynd yn anos i'w datrys bob gafael fel nad oes unrhyw ddiben trafod y mater ymhellach. Ac fe wn i un peth arall yn sicr hefyd, sef 'mod i'n gwbl benderfynol, os ca i fy arbed, fel yr arferai'r hen bobol ei ddweud stalwm, o ddringo'r saith cant a hanner o fetrau i'w gopa y tro nesa y bydda i yn ardal Murrisk.

Ei ddringo ar fy ngliniau? Digon prin! Nac yn droednoeth dan unrhyw benyd chwaith. Mae esgidiau cryfion wedi eu pwrcasu gen i'n barod. Mawr hyderir na warafunir i hen bero o anghydffurfiwr sy'n tynnu mlaen o leia wisgo pâr all herio tirwedd gyda'r garwaf a'r elfennau mwyaf gwrthnysig yn ystod ei fenter fawr.

Y gobaith yr un pryd yw y llwyddir, o'r diwedd, i gael gwared â'r chwiw obsesiynol yn ei gylch a'm meddiannodd cyhyd.

Chwilio am Elin

Rydw i wedi rhyw led gyffwrdd y mater hwn o'r blaen mewn pennod yn rhywle a geisiai groniclo sut y bu i mi ddechrau bwrw 'mhrentisiaeth yn athro ifanc yn ninas Lerpwl yn agos i drigain mlynedd yn ôl. Mewn dwy ysgol i fod yn fanwl, y naill ar Stryd Roscommon nid nepell o'r enwog Sgotland Road a'r llall yn ardal Walton, sef Ysgol Uwchradd Arnot a lochesai dan gysgodion stadiwm Parc Goodison, pencadlys yr unig dîm pêl-droed gwerth ei gefnogi yn yr holl gynghrair!

Hanner tymor yn unig, cwta wyth wythnos, dyna'r oll a dreuliais yn Academi Ddicensaidd Roscommon cyn cerdded allan un pnawn Gwener glawog o fis Tachwedd wedi'm llwyr ddadrithio â byd addysg. Os bu lle o boen i gosbi pechod erioed. Prin bod hogyn o gefn gwlad Môn yn ffitio yn y fath uffern. Afraid manylu!

Fe siapiodd pethau'n llawer amgenach yn Ysgol Arnot ble bodlonais – os peth yn anfoddog ar brydiau – i fwrw tymor o ddwy flynedd o wasanaeth. A chael, o edrych yn ôl, rai profiadau na fynnwn fod hebddynt. O leia buont yn gyfrwng i lyfnhau rhai o'r ymylon geirwon yn y tipyn prentisiaeth hwnnw.

Roedd hi'n haws yn Ysgol Arnot o'r cychwyn, yn bennaf am fod un neu ddau o Gymry eisoes ar y staff yno. Yn wir, byddai wedi bod yn bur fain ar Awdurdod Addysg Glannau Merswy bryd hynny oni bai bod athrawon ifanc o Fôn ac o Arfon wedi heidio yno i'w gadw i fynd. Un o'r cyfryw rai oedd Gwilym Rees Hughes. Roeddwn i'n adnabod Gwilym, o leia o ran ei weld, ers dyddiau Bangor. Roedd yn fyfyriwr ymchwil ar fin cwblhau ei draethawd MA tra 'mod i yn newyddian ar fy mlwyddyn gyntaf. Brodor o Lanllechid oedd o, ac yn Ysgol Arnot fe ddatblygodd cyfeillgarwch agos rhyngom er iddo, 'mhen blwyddyn a hanner, gael ei apwyntio'n ddarlithydd yng Ngholeg Addysg Caellion lle treuliodd weddill ei yrfa. Yno y gwnaeth enw iddo'i hun, yr enillodd ei ddoethuriaeth, ac yr aeth ati i gyhoeddi nifer o gyfrolau a gyfoethogodd ein llenyddiaeth.

Ond er nad oedd y naill na'r llall ohonom yn rhyw ddedwydd iawn yng nghanol môr o Seisnigrwydd dinas Lerpwl a'n bod yn dyheu am ddychwelyd i weithio yng Nghymru, fe sylweddolem yn burion ei bod yn dipyn amgenach byd arnom ni nag ydoedd ar yr hen Oronwy Ddu druan yn ei ddydd yno.

Ar ôl gwneud cryn smonach o bethau yn ardal Croesoswallt, diflasu ar fyw o'r llaw i'r genau yn Donnington wedyn a'i wrthod ym Môn, daethai ef, y curad crwydrol, yn ystod pumdegau'r ddeunawfed ganrif, i wasanaethu yn yr eglwys a ddigwyddai fod yn dal i sefyll ddim ond ychydig gannoedd o lathenni i lawr y ffordd o'r ysgol lle gweithiem ni. At ei gilydd cawsai Gwilym a minnau blant a rhieni dalgylch yr ysgol honno yn Walton yn griw digon clên ac agos atom. Rhaid bod pethau wedi newid yn ddirfawr yn yr ardal ers dyddiau Goronwy, meddyliem, oblegid mewn llythyr at William Morris, dyddiedig 30 Ebrill 1753, cofiem nad oedd ganddo'r nesa peth i ddim da i'w ddweud amdanynt.

'Nid yw'r bobl y ffordd yma hyd y gwelaf fi,' tystiodd 'ond un radd uwchlaw Hottentots, rhyw greaduriaid anfoesol, didoriad. Pan gyfarfyddir â hwy, ni wnânt ond llygadrythu'n llechwrus heb ddywedyd pwmp mwy na buwch; ond rwyf yn clywed mai llwynogod, henffel, cyfrwys-ddrwg, dichellgar ydynt ... ' Ond yn sicr, nid dyna ein profiad ni yno ddau can mlynedd yn ddiweddarach.

Er bod peth tebygrwydd, hwyrach, rhwng person eglwys Walton y bu Goronwy yn gwasanaethu fel curad dano a pherson yr union eglwys honno yn ein cyfnod ni, un a ddigwyddai fod yn gadeirydd rheolwyr Ysgol Arnot yr un pryd. O ran hyd a lled, uchder a dyfnder, beth bynnag! Maddeued y parchedig ŵr i mi am na chofiaf ei enw heddiw, ond rwy'n cofio'n burion am homar o greadur gwritgoch dwylath ugain stôn, wastad o'i gorun i'w sawdl mewn du trwm a heb ddim i dorri ar y düwch hwnnw chwaith ond ei goler gron wen. A'i gorpareshion – corpareshion nas gwelswn ei debyg gan undyn na chynt na chwedyn – yn ymwthio droedfeddi o'i flaen fel ei fod yn rhoi'r argraff o fod unrhyw funud ar fin rhoi genedigaeth i bâr o efeilliaid neu'n wir ragor!

Nid cwbl annhebyg i'r nodweddion a ddisgrifir gan Goronwy o berson Walton yn 1753. 'Climach o ddyn amrosgo ydyw,' tystiodd am hwnnw, 'garan anfaintinaidd, afluniaidd yn ei ddillad, o hyd a lled aruthr anhygoel, ac wynepryd llew neu rywaint erchyllach; a'i ddrem arwguch yn tolcio ym mhen pob chwedl ddigrif, yn ddigon i noddi llygod yn y dyblygion; ac yn cnoi dail yr India oni red ffrwd felyngoch i lawr ei ên ... y mae yn un o'r creaduriaid anferthaf welwyd erioed y tu yma i'r Affrig.'

Un lled eiddil a byr o gorffolaeth oedd Goronwy ei hun, yn ôl y sôn. Nid syndod, felly, iddo ddod i derfyn ei ddisgrifiad drwy ddatgan ei bod 'yn swil gennyf ddoe wrth fyned i'r Eglwys yn ein gynau duon fy ngweld fy hun yn ei ymyl fel bad ar ôl llong'. Digon o dystiolaeth, felly, nad oedd y llinach offeiriadol wedi newid rhyw lawer dros y cenedlaethau yn ardal Walton.

Ond gwaeth na phobl yr ardal, ei blwyfolion, y person, y cwbl oll, oedd ei drafferthion teuluol dyrys ef ei hun, yn arbennig felly ynghylch ei ferch fach, Elin. Fe'i ganed hi yn blentyn hynod wachul ym mis Rhagfyr 1753 eithr prin y llwyddodd hi i oroesi hyd yn oed ei hwythnosau cyntaf, druan, fel bod ei rhieni pryderus yn gwrando ar bob anadliad o'i heiddo rhag iddi farw. 'A byd anghysurus iawn a llawer dychryn a thrwm galar ddydd a nos a gawsom,' tystiodd mewn llythyr at Richard Morris y tro hwnnw. Dioddefai'r fechan oddi wrth y llesmeiriau neu'r *convulsions,* a'i rhieni yn 'codi ddengwaith y noson a dihuno cymdogion o'u gorphwysfa i'w hedrydd ... disgwyl iddi drengi bob pen awr ac wylofain a nadu o'i phlegid.' Dim ond am bymtheng mis y bu hi byw. Bu farw yn Ebrill 1755, ei thad ei hun yn gorfod ei chladdu. A bu'r cyfan yn ergyd drom iddo. Gallai weld ei bedd o ffenest ei lofft ac fe fynnodd yntau ryw fath o gatharsis drwy ganu awdl farwnad ddwys ar ei hôl. Awdl anorffenedig, mae'n debyg, ond un sy'n agor gyda'r englyn cofiadwy –

Mae cystudd rhy brudd i'm bron – hyd f'wyneb
    Rhed afonydd heilltion,
  Collais Elin liw hinon
  Fy ngeneth oleubleth lon.

Yn ystod ein cyfnod ni yno ar ddiwedd pumdegau'r ganrif ddiwethaf roedd 'na fwyty bach digon cyffredin yn union gyferbyn â mynwent Eglwys Walton, ac yn ystod ambell awr ginio fe gyrchai Gwilym a minnau yno i osgoi siarad siop yr ystafell athrawon. Ac wrth inni fwrw ati i gladdu platiad o ffa pob ar dost un diwrnod cododd Gwilym ei ben gan edrych drwy'r ffenest yn fyfyrgar cyn iddo toc sibrwd y llinell enwog, 'Gorffwys ym mynwes mynwent Walton'. Saib hir arall wedyn cyn iddo fy slensio. 'Hei! fan'cw rwla mae o, yl'di. Beth am fynd drosodd i chwilio am ei bedd hi fory? Wyt ti'n gêm?'

Awr ganol dydd heb ginio fu hi drannoeth, rwy'n ofni, wrth inni stryffaglio drwy ddrain a mieri, marchwellt a danadl poethion i chwilio ac i chwalu am feddrod Elin. Yn wir, fe ymgollwyd mor llwyr yn y gorchwyl fel ei bod yn hwyr iawn arnom yn cyrraedd yn ôl yn yr ysgol ar gyfer sesiwn y pnawn. Ond o drugaredd ni welodd y prifathro mohonom yn sleifio'n llechwraidd i'n dosbarthiadau. Nid y byddai ganddo rithyn o ddiddordeb chwaith – llai fyth wedyn, mae'n sicr – o gydymdeimlad â dau mor ffôl o blith aelodau ei staff a hwythau wedi gwastraffu awr ginio gyfan, onid hanner y pnawn yn ogystal, yn ceisio gwneud eu ffordd drwy bob nialwch yn y gobaith o ddod o hyd i feddrod plentyn i rywun, a'r rhywun hwnnw yn y pen draw yn ei olwg o, fawr o neb namyn ryw *long time dead and obscure Welsh poet from Anglesey*.

Ac a ddaethom ni o hyd i'r beddrod hwnnw yn y diwedd

sy'n dal yn gwestiwn. Dadleuai Gwilym iddi fod yn ymgyrch lwyddiannus ac inni ddod o hyd i'r union lecyn. Doeddwn i'n bersonol ddim mor siŵr am fy mod yn rhyw dueddu i gredu mai ein gorawydd brwd i'w leoli a barai ein bod, o bosib, wedi ein twyllo ein hunain i daeru ein bod wedi ei ddarganfod. Welson ni 'run garreg na 'run goflech o unrhyw faint na ffurf i ddynodi'r safle, beth bynnag.

Ond a ddaethom o hyd iddo ai peidio, y mae un peth er hynny yn ffaith go sicr: fod tipyn mwy o ystyr wedi bod i rannau o awdl farwnad anorffenedig Goronwy Ddu o Fôn i'w ferch fach, Elin, i ni'n dau byth ar ôl y diwrnod hwnnw.

Dau o hogiau Bergen

A ninnau'n fôr-deithwyr lled ddihyder, bu inni dro yn ôl ryfygu unwaith yn rhagor ar draws Môr y Gogledd i Norwy. Dim ond am ryw egwyl fer ar derfyn haf, fel petai. Nid bod raid inni fod wedi pryderu'n ormodol ynghylch ei groesi chwaith, oblegid, pob parch iddo, fe fu iddo ymddwyn yn rhagorol y tro hwnnw, yn union fel gŵr bonheddig, ar y daith allan ac wrth inni ddychwelyd. A phobl groesawus odiaeth yw trigolion y wlad ogleddol honno, gwlad y copaon eira tragwyddol a'r haul canol nos, trigolion sydd wedi uniaethu â bywyd yn yr awyr agored i'r fath raddau fel eu bod fel canlyniad i hynny yn hapusach, bodlonach ac iachusach criw yn y fargen. A dyna'r wlad, a thalai hi ddim i unrhyw un anghofio hynny chwaith, a gynhyrchodd gewri fel Bjornsøn a Munch, Amundsen a Thor Heyerdahl, Henrik Ibsen ac Edvard Grieg. A heb anghofio Ludvig Holberg yntau, er rhaid cyfaddef, yn ein mawr anwybodaeth, na chlywsom am y dywededig ŵr hwnnw cyn hynny.

Glanio ym Mergen. Pedair awr ar hugain yn unig oedd gennym yno. Rhaid felly oedd manteisio'n llawn ar yr ychydig amser oedd ar gael inni. Ond bu'n smwcan bwrw glaw gydol yr adeg, gwaetha'r modd, er nad oedd hynny yn ôl y sôn ond yn arwydd arall o groeso nodweddiadol gwlad ogleddol.

Loetran yn ardal hynafol Bryggen i ryfeddu at ei hadeiladau pren lliwgar cyn ei gwneud hi drwy'r farchnad bysgod unigryw a'i milmyrdd stondinau a'i hamrywiol ogleuon. Ac fel pob ymwelydd teilwng â Bergen, bu raid i ninnau gymryd taith ar y Fløibanen i gopa mynydd Fløyen i ddotio at holl ogoniant y ddinas wrth iddi ymestyn allan yn fawreddog wrth ein traed. Dyna wedyn fynd ar drywydd dau o feibion enwocaf Bergen, o ba rai pennaf ohonynt oll, wrth gwrs, yr oedd Edvard Grieg. Yn wir, bron nad ydynt yn hanner dwyfoli Grieg yn ei ddinas enedigol, y cawr athrylithgar hwnnw, er nad oedd mewn gwirionedd ond braidd bum troedfedd yn nhraed ei sanau! A pha ryfedd, am mai ef o ddigon yw'r cyfansoddwr enwocaf a feddant. Onid yn rhai o'i weithiau ef y cafodd cenedlaetholdeb Norwy ei fynegiant cerddorol? Yn wir, yr oedd wedi ymdaflu gorff ac enaid i gefnogi'r mudiad o gael hunanlywodraeth lwyr i'w famwlad. Fe ymwrthododd â dylanwadau estron a chefnu ar yr Almaenwyr, gan fynnu cynhyrchu gweithiau oedd yn nodweddiadol o'i wlad enedigol drwy atgyfodi hen alawon gwerin a'u gwau i batrwm ei ddeunydd ei hun. Creodd hynny gerddoriaeth delynegol o'r radd flaenaf, gweithiau na ellid fyth eu hysgaru oddi wrth y mynyddoedd a'r llynnoedd, y ffiordau a'r fforestydd, y rhyferthi a'r rhaeadrau, yr oll yw Norwy i bawb sy'n ymhoffi ynddi.

A hithau'n hwyr brynhawn bu raid talu drwy'n trwyn am ruthro mewn tacsi i ardal Hop o'r ddinas. Gynted ag y daethai i amlygrwydd yr oedd Grieg wedi codi tŷ braf iddo'i hun yno. Ar aelwyd Troldhaugen, o fewn dau gam a naid i lan llyn Nordas y treuliodd o a Nina Hagerup, y gyfnither o gantores a ddaeth hefyd yn wraig iddo, lawer blwyddyn ddedwydd efo'i gilydd. Yno y bu farw'r ddau. Yno hefyd y claddwyd eu gweddillion. Ac yno heddiw y cyrcha'r pererinion wrth eu miloedd i roi eu teyrnged iddo.

Gwaetha'r modd, roedd yr haul wedi machludo cyn inni gyrraedd yno, y tŷ ar glo, y gofalwyr wedi cadw noswyl. A chawsom ni ddim ond braidd flasu'r awyrgylch – sefyll am ychydig funudau ar lan y llyn, dyna'r oll.

Dim ond ni'n dau oedd ar gyfyl y lle. Roedd hi fel y bedd ym mhobman. Eto i gyd, lled-dybiem y dôi sibrydion rhyfedd o fôn y gwrychoedd, rhyw fân symudiadau i'w clywed ym mrigau'r coed wedyn a sisial yn nhoriad y tonnau fel bod y cyfan yn dueddol, rhywsut, o yrru iasau i lawr y meingefn a pheri inni gredu efallai fod rhywun yno yn rhywle yn ein gwylio.

Erbyn hynny hefyd roedd hi'n hanner gwyll. Dechreuasai

tarth ymddangos ar wyneb y llyn a'r nos i fwrw'i chysgodion drosto fel bod y rheini hwnt ac yma'n glytiau tywyll ar ffurfiau grotésg, ninnau'n rhyw ddisgwyl iddynt droi'n ellyllon ac yn gorachod a chodi o'r dwfn i aflonyddu arnom am dresmasu'n synfyfyrgar ar ei lan.

Torrwyd yr hud gan gorn diamynedd gyrrwr ein tacsi. Daethai'n amser i ffarwelio ag Edvard Grieg. Ond byth ers hynny, waeth pryd y digwydd i ni glywed bar neu ddau o'i Gonsierto enwog i'r piano neu ambell nodyn o Suite *Peer Gynt*, byddwn yn reddfol ail-fyw y profiad hynod hwnnw, na fyddem ar unrhyw gyfri wedi ei golli, rhyfedded ydoedd.

Bore trannoeth, cawsom wasanaeth merch o dywysydd i fynd â ni o gwmpas, a hi a'n cyflwynodd i'r ail o feibion enwog Bergen. Nid nepell o'r farchnad bysgod fe'n harweiniodd i sgwâr led eang ble'r oedd cerflun solat wedi ei sodro '*to commemorate ze famous comedian who was born in ze city of Bergen*' chwedl hithau yn ei Saesneg gorau. Erbyn deall, cofeb oedd hi i'r dychanwr a'r comediwr Ludvig Holberg (1684–1754). Roedden ni'n glustiau i gyd, yn eiddgar am wybod mwy.

Yr ieuengaf o chwech o frodyr, bu farw ei dad ac yntau Ludvig yn ddim ond blwydd oed. Fe'i haddysgwyd yng Nghopenhagen ble bu'n astudio diwinyddiaeth, ond er iddo raddio yn y pwnc fe droes ei ddiddordebau i gyfeiriadau eraill. Yn ddibriod a di-blant bu'n athro ym Mhrifysgol Copenhagen am nifer o flynyddoedd, ac yno y dechreuodd flaguro fel awdur. Fe deithiodd yn helaeth. Bu'n byw yn Rhufain am gyfnod ac yn Rhydychen am oddeutu dwy flynedd. Yn awdurdod ar y gyfraith, lluniodd weithiau safonol ar bynciau athronyddol; ysgrifennodd yn helaeth ar bynciau hanesyddol ac roedd yn fardd ac yn nofelydd yn ogystal – yn wir, yn ŵr eithriadol o amryddawn, er mai fel dychanwr a chomedïwr y cofir amdano'n bennaf. Pencampwr, yn ôl pob tystiolaeth, am ddyfeisio sefyllfaoedd comic, cymeriadau gwreiddiol a deialog a oedd wastad yn gwreichioni.

Cydnabyddir ef bellach fel ysgogydd a phrif sylfaenydd y

Theatr Sgandinafaidd, yn wir yn deilwng o'i ystyried fel Molière gwledydd y gogledd. Gŵr o athrylith – bu y comeđïau hynod lwyddiannus a luniwyd yn wreiddiol ganddo ar gyfer y theatr gyhoeddus gyntaf i'w hagor yng Nghopenhagen yn 1721, yn dal mewn bri a'r un mor dderbyniol am ddau can mlynedd arall. Arwydd hefyd o'r parch a enillodd oedd i Edvard Grieg gyfansoddi darn o gerddoriaeth, yr *Holberg Suite*, i'w anrhydeddu. Pan ymfudodd rhai o'i gyd-wladwyr i Ganada yn 1907, gan ymsefydlu ar Ynys Vancouver, bu iddynt enwi un o'r trefi a sefydlwyd ganddynt yn 'Holberg' ar ei ôl. Yn wir, cynigir gwobr lenyddol hael yn ei enw heddiw gan Brifysgol Bergen. Nid rhyfedd chwaith fod ein tywysydd ni'r bore hwnnw yn glafoerio o falchder dim ond o grybwyll ei enw.

Ac roeddem ninnau'n llawn edmygedd yn syth. Llawn eiddigedd yr un pryd. Go wahanol, meddyliais, i ni'r Cymry gartref. Rhai digon sâl fuom ni erioed am anrhydeddu ein digrifwyr, y brid prinnach nag aur hwnnw yn ein plith. A ellid, mewn difri calon, meddwl am unrhyw symudiad yn ein gwlad fach ni i godi cofeb i ŵr yr Henllys Fawr ar sgwâr y Berffro, i Wil Sam yn Llanystumdwy neu i Harri Parri ar y Maes yng Nghaernarfon? Dim peryg yn y byd. Er nad oes lawer sy'n haeddu hynny'n fwy, chwaith.

At ei gilydd – a dyma godi ar fy mocs sebon unwaith eto, fel y gwneuthum sawl tro o'r blaen – fe daerwn i mai pobl llawer rhy ddifrifol wrth natur ydym ni'r Cymry. Gydag eithriadau prin, wrth reswm, fu hiwmor erioed yn rhan o'n cynhysgaeth. Rydan ni'n rhemp o besimistaidd, wastad yn edrych ar yr ochr dywyll i bethau, yn ymdrybaeddu yn y cyweiriau lleddf, yn socian mewn pruddglwyfni.

A'n gwaredo! Cawn flas masocistaidd ar wrando ar gantorion unigol a grwpiau yn ei morio hi drwy bethau mor honedig siriol â 'Pererin wyf mewn anial dir', 'Wedi colli rhywun sy'n annwyl', 'Mi wellaf pan ddaw'r gwanwyn' neu 'Mae hen, hen ddagrau yn dal i losgi 'ngruddiau …' hyd yn oed yn ein Nosweithiau Llawen. Rydym fel petaem ar lan Iorddonen ddofn yn oedi'n nychlyd rownd y ril. Ac onid rhai tra, tra difrifol eu natur a'u hysbryd yw llawer o'n beirdd hwythau? A dyna'n crefydd wedyn. Faint o lawenydd sy'n perthyn i hwnnw? A'n helpo! Er mai'r calla' dawo, debyg, rhag i mi sathru mwy o draed a thynnu rhagor o bobl eto yn fy mhen.

Ond y gwir yw mai dyna'r math o bethau oedd yn mynd drwy feddwl dyn wrth iddo edmygu cofeb Ludvig Holberg ym Mergen. O, na ddeuai'r chwa ddymunol honno ar draws Môr y Gogledd i Walia Wen ryw bryd!

Y sêr yn eu graddau ...

Mae ambell rai, siŵr o fod, o blith y genhedlaeth hŷn (ac yr wyf innau yn bendant iawn yn aelod o'r brid hwnnw) sy'n ei chael yn gynyddol anodd yn hyn o fyd i ddygymod â'r arfer sy'n bodoli ymysg y genhedlaeth iau, bob aelod bron yn ddieithriad ohoni, o gyfarch pawb yn ddiwahan wrth eu henwau cyntaf. Taech chi'n digwydd cael eich cyfweld ar Radio Cymru, dyweder, ynglŷn â rhyw fater neu'i gilydd, y tebyg yw y caech ryw gywan fach bowld nad yw fawr allan o'i chlytiau, un yr ydych yn ddigon hen i fod o leia'n daid iddi, yn eich cyfarch fel Wil neu fel William, fel John neu fel Harri.

Trowch i mewn i ambell gartref preswyl yr un modd. 'Dowch Lisi ... gymrwch chi baned, Edna? Triwch fwyta rwbath, Llew ... sgynnoch chi awydd mynd allan i eistedd yn yr haul, Idris?' Dyna yw hi mewn sefydliadau o'r fath, yn wastad.

A beth am fyfyrwyr ein colegau? Maent hwythau erbyn hyn ar delerau tra chyfeillgar â'u darlithwyr. Onid Gwyn neu Gerwyn, Llion, Mihangel, Angharad neu Sioned yw hi rhyngddyn nhw a'i gilydd yn amlach na pheidio? Sobrwydd mawr! Meddylier mewn difri calon am lasfyfyriwr mewn oes a fu yn rhyfygu i gyfarch Syr Thomas Parry fel Tom; Bardd yr Haf fel Bob; Syr Ifor Williams fel Ifor neu W. J. Gruffydd fel William John. A'n gwaredo!

Ond twt lol! I beth mae angen bod mor stiff a ffurfiol? Dyna'r gri y dwthwn hwn bellach. Anffurfioldeb a'i piau hi yn hyn o fyd. Onid yw'n egwyddor i'w chofleidio a'i chroesawu? Mae'n dileu pob gwahaniaeth dosbarth, y ni a'r nhw ac ati. A'r cyfan, meddir, er gwell. Amdanaf fy hun, galwer fi'n hen ffasiwn os mynner, dydw i ddim mor siŵr.

Ond wedi dweud hynny, cystal cydnabod y byddwn innau

hefyd yn fwy na pharod o blaid brwd groesawu peth hylltod llai o ffurfioldeb mewn ambell gylch – mewn ambell gylch enwadol neu grefyddol yn benodol felly. Cymerer fel enghraifft y duedd sy'n bodoli ymhlith y Presbyteriaid i baredio'n frolgar, a hynny hyd ddiflastod cyson, gymwysterau a graddau academaidd rai o'i harweinwyr.

Dro yn ôl llwyddais i daro ar gopi o gyhoeddiad a oedd yn cynnwys manylion am raglen gweithgareddau Cymdeithasfa Hydref 2015 Eglwys Bresbyteraidd Cymru a gynhaliwyd ar y pryd yng Ngaerwen ar Ynys Môn. Wn i ddim pa hawl oedd gan Philistiad o genedl-ddyn fel myfi, druan ŵr, i roi ei linyn mesur ar ddogfen oedd yn cynnwys dirgelion mor esoterig. Nid wyf yn barod chwaith i ddatgelu enw'r sawl a dynnodd fy sylw ato yn y lle cyntaf. Rhag digwydd gwaeth i'r creadur hwnnw ac iddo gael ei dynnu'n bedwar aelod a phen neu ei losgi ar ryw stanc rywle!

Nid bod pori yn y cyhoeddiad hwnnw wedi bod yn brofiad ysbrydoledig, cofier. Yn ôl y dystiolaeth bu dau eisteddiad i'r Sasiwn honno, y cyntaf am ddeg y bore, yna wedi i'r cynrychiolwyr gyfranogi'n helaeth o basgedigion eitha breision, mae'n ddiamau, a arlwywyd ger eu bron dros ginio, fe aed ati'n eitha swrth am hanner awr wedi un y prynhawn i'r ail eisteddiad, cyn dychwelyd ohonynt at y byrddau drachefn am hanner awr wedi pedwar, yn union fel petaent newydd ddod allan o warchae hir i storgadjio'r te croeso!

Roedd ail hanner y cyhoeddiad ar ffurf chwe atodiad cynhwysfawr yn cynnwys adroddiadau o argymhellion rhai o wahanol bwyllgorau'r enwad. Ni fwriedir manylu, ond rhaid cyfadde fod Atodiad 5, ar yr olwg gyntaf, beth bynnag, yn argoeli'n dra addawol ac yn rhywbeth efallai a fyddai'n werth ei ddarllen, sef crynodeb o'r cyflwyniad a roddwyd gerbron y Sasiwn ar briodasau rhwng cyplau o'r un rhyw. Tybed, meddyliais, a fyddai ynddo o'r diwedd draethu newydd a chwyldroadol, rhywbeth a fyddai'n cynhyrfu peth ar y dyfroedd am fod Eglwys Bresbyteraidd Cymru, ar fater mor ddelicet, wedi dod i lawr oddi ar y ffens ac wedi dod i ryw fath o benderfyniad. Ond tebyg 'mod i wedi bod â 'mhen yn y cymylau, wedi trigo mewn byd o ddychmygion ac o ffantasïau, wedi disgwyl llawer gormod. Trist iawn, feri sad, oedd sylweddoli mai troi yn yr un merddwr yr oeddid o hyd.

Er 'mod i, rwy'n ofni, wedi dechrau crwydro oddi wrth fy mhrif fater hefyd, oblegid yr hyn oedd yn argraffedig ar ddalen flaen y rhaglen, ac a oedd yn ymestyn drosodd i'r ddalen nesa wedyn, a aeth â'm sylw i yn bennaf, sef rhestr led hirfaith o enwau cryn ddau ddwsin o gyn-lywyddion y Gymdeithasfa. Ac yno yr oedden nhw, y mwyafrif beth bynnag, fel ceffylau sioe, yn cael eu harddangos yn eu holl ogoniant graddedig. A sôn am barêd!

Roedd y BAs a'r BDs yno'n lleng, yn frid hynod gyffredin, yn ddau am geiniog yn wir, er bod ambell B.Litt. wedi ei fwrw wrth gwt ambell BD weithia fel rhyw wobr ychwanegol, felly. Prinnach, hwyrach, y rhai oedd yn feddiannol ar y B.Sc. Er nad oedd hynny'n annisgwyl rhywsut, chwaith. Wedi'r cwbl, onid wedi eu hieuo'n bur anghymarus y bu gwyddoniaeth a diwinyddiaeth erioed? Roedd rhai wedi dringo hyd yn oed yn uwch wedyn, wedi ennill ohonynt yr MA i flaenori'r BD. Yn wir, sylwais ar un M.Add. yn eu plith yn ogystal, gŵr cyfrifol iawn, gellir casglu, canys roedd y dywededig gyn-lywydd hwnnw yn YH yn ogystal. Tebyg fod angen Ynad Heddwch i fod o gwmpas rhag ofn i bethau fynd yn flêr ambell waith yng nghyfarfodydd y Sasiwn. I goroni'r cyfan, creder neu beidio, roedd yn eu mysg gymaint â thri gŵr doeth a oedd wedi dringo yn bensyfrdan o uchel i rengoedd y Ph.D. Tri doethor o'u corun i'w sawdl. Doedd y dysgeidion y bu'r Apostol Paul yn ymlafnio yn eu herbyn yn Areopagus ddim patsh ar y rhain, ddyliwn! Ac fel petai hynny chwaith ddim yn ddigon, roedd un o'r 'sgleigion o'u plith yn gallu ymffrostio yn y ffaith ei fod ef yn medru arddel bron yr wyddor gyfan ar ôl ei enw. Roedd y parchus dra dysgedig ŵr hwnnw (ac onid oedd y dystiolaeth yno o 'mlaen i ar ddu a gwyn – hynny yw, os gellir credu'r fath beth) yn berchen cymaint ag wyth, ie wyth ddywedais i, o raddau, a'r cyfan oll i gyd yn cymryd llinellau niferus o ofod prin dalen flaen y rhaglen i'w rhestru.

Ond nid y cyfan o'r cyn-lywyddion, ysywaeth, chwaith, oblegid yn eu plith ar y rhestr oedd rhai tlodion nad oeddynt yn berchen ar unrhyw radd o gwbl. Ac amdanyn nhw yr ymboenwn i yn benodol. Ie'n sicr, nhw yn eu trueni ymddangosiadol oedd yn ennyn cydymdeimlad. Prin, debyg, y gallen nhw gystadlu â disgleirdeb honedig fel yr haul rhai o'u cymrodyr. Digon tebyg, bernais, eu bod hwy drueiniaid wedi magu peth wmbredd o gymhlethdodau taeog a oedd yn bownd ulw o fod yn eu llethu. A'r unig gysur y gallwn innau, druan ŵr eto, ei gynnig iddynt fyddai eu hatgoffa eu bod o leia mewn cwmni digon dethol am nad oedd yr un copa walltog o blith y deuddeg disgybl yn berchen unrhyw radd chwaith. O'r gorau, hwyrach y gallai'r Apostol Paul, eto fyth, ac yntau wedi bod yn astudio wrth draed Gamaliel, gystadlu'n eitha didrafferth ag ambell MA, ond y gwir plaen amdani yw nad oedd Pedr nac Iago nac Ioan na'r un o'r lleill chwaith yn medru ymffrostio mewn cymaint, hyd yn oed, ag un pwnc hyd at lefel TGAU rhyngddynt – er iddynt yn eu dydd lwyddo i droi'r hen fyd hwn wyneb i waered. A phetai hi'n mynd i hynny, oni bai ei fod wedi cael un yn bresent bach neis gan Brifysgol Cymru yn 1917, bedair blynedd cyn ei farw, fuasai gan y pregethwr mawr o Frynsiencyn yr un gradd chwaith. Ac onid ydw i'n cyfeiliorni'n enbyd, digon amddifad o'r BA a'r BD oedd John Elias yntau.

Ydi'n sicr, y mae'n ddirgelwch llwyr wedi bod erioed i ddyn pam fod Eglwys Bresbyteraidd Cymru â chymaint o obsesiwn â graddau ac yn mynnu eu cyhoeddi ar bennau tai mor rheolaidd. A'r cwestiwn sy'n codi yw: a oes angen y fath riolti? Yn arbennig o gofio ein bod o'r cychwyn wedi ein harwain i gredu nad oes yn y pen draw nac 'Iddew na Groegwr, Barbariad na Scythiad' ac ati. Fe wyddoch be sgin i!

Nid felly yr oedd hi yng Nghymdeithasfa'r Hydref yng Ngaerwen ar Ynys Môn yn 2015, beth bynnag. Yn ôl y dystiolaeth a welais i, fe fodolai yno'r system gast a oedd yn ei hanfod yn fwy haearnaidd na'r un a fu erioed yn yr India eang fras ei hun! Ac yr oedd hynny'n ddirfawr biti.

Â'm llaw fy hun – ac o ddilyn egwyddor
Eglwys Bresbyteraidd Cymru,
ydwyf
William Owen BA Dip. Ed (Wales)

Ac os dymunir gellir ychwanegu PB yn ogystal!

Ymhonwyr yng Nghaergybi

Awst 2017 oedd y pumed tro i'r Eisteddfod Genedlaethol ddod i Ynys Môn. 1927 yng Nghaergybi oedd y tro cyntaf, a dim ond dyrnaid prin iawn, fe dybiwn, oedd wedi goroesi i fedru cofio unrhyw beth am yr ŵyl honno. A hwythau erbyn 2017 ar drothwy eu cant, rwy'n ofni mai dim ond brith atgof plentyndod ifanc iawn fyddai gan y cyfryw rai – fel bod yn aelodau o gôr plant neu rhywbeth tebyg, hwyrach. Prin iawn bod ganddynt unrhyw atgof am arlwy drama yr Eisteddfod honno. Mae'n wir bod John Elias yn ei ddydd wedi datgan gwrthwynebiad ffyrnig i bopeth ynglŷn â drama: onid oedd cwmni o Lanrhuddlad wedi paratoi i berfformio anterliwt yn yr ardal yn ystod un wythnos y Pasg, ond unwaith y clywsai'r Pab o Fôn am y bwriad fe draddododd bregeth a gododd fraw ac arswyd dychrynllyd ar bawb fel yr ataliwyd y bwriad. Er na lwyddodd hynny i ladd y mudiad yn llwyr, chwaith. Atal y perfformio, efallai, ond nid lladd ysbryd y peth yn sicr, oblegid gyda threigliad y blynyddoedd cafodd y ddrama aelwyd gynnes iawn yn y Fam Ynys. Bu iddi yno draddodiad hir a hyglod, ac yr oedd hynny'n bur amlwg yng Nghaergybi yn 1927. Denwyd cymaint â naw ar hugain, er enghraifft, i gystadlu am y wobr o hanner canpunt am gyfansoddi drama hir. Mwy, gyda llaw, nag a anfonwyd i'r union gystadleuaeth honno yn y tair Eisteddfod Genedlaethol nesa a gynhaliwyd ym Môn efo'i gilydd. A'r wobr yn cael ei dyfarnu i Idwal Jones, Llanbedr. Pump ar hugain yn ymryson â'i gilydd am lunio drama fer wedyn, a'r wobr honno yn mynd i R. Lloyd Jones, Trefor, awdur rhai o hoff nofelau fy mhlentyndod. Daw teitlau fel *Capten*, *Mêt y Mona* ac *Ynys y Trysor* yn syth i'r cof.

Ac yna'r cystadlaethau perfformio dan feirniadaeth

J. J. Williams, Gwynfor a Dan Matthews. Cwmni'r Maerdy yn cipio'r llawryf am eu perfformiad o *Llythyr Ysgar* (cyf. J. T. Jones) mewn un gystadleuaeth a chwmni Penmaenmawr am gyflwyno *Dyrchafiad arall i Gymro* (W. J. Gruffydd) mewn un arall.

Ond nid am gyfansoddi drama nac am ennill neu golli mewn cystadleuaeth i berfformio un chwaith y cofir am Eisteddfod Genedlaethol Caergybi yn fwyaf arbennig, eithr am y perfformiad enwog hwnnw o ddrama a oedd yn gwbl ar wahân i unrhyw gystadleuaeth benodol, sef perfformiad y cwmni detholedig o dros ugain o gast a oedd wedi ei gynnull ynghyd i roi perfformiad o *Yr Ymhonwyr*, cyfieithiad Glyn Davies, Lerpwl o ddrama Henrik Ibsen. Ac yr oedd hwnnw yn un tra, tra uchelgeisiol, wedi ei noddi gan haelfrydedd yr Arglwydd Howard de Walden, un a fu gydol ei oes yn gymwynaswr mor driw i'r mudiad drama yng Nghymru. Gwariwyd swm sylweddol ar y cynhyrchiad, digon yn wir i un o golofnwyr *Y Brython*, sef 'Efrydydd', dorri allan mewn salm foliant i'r noddwr: 'Pe caem ragor o gyfoethogion Cymru gyda chalon mor agored a bwriadau mor deilwng buasai Gwalia annwyl, gwlad y delyn, yn tyfu yn ardd flodau yn gynnar iawn.'

Y syndod oedd eu bod wedi llwyddo i ddenu i Gaergybi yr *emigreé* o Rwsia, Theodore Komisarjevski, neb llai, i fod yn gyfarwyddwr y cynhyrchiad.

Yn aelod o deulu theatrig enwog o'r wlad honno (yn frawd i Vera, a chwaraeodd ran Nina yn y perfformiad cyntaf un o *Yr Wylan* gan Anton Chekhov yn St Petersburg yn 1896), cawsai Komisarjevski brofiad helaeth o gyfarwyddo dramâu ac operâu cyn y chwyldro yn Rwsia yn 1917. Yn fuan wedyn fe ymfudodd i Loegr gan ennill bri mawr yno yn ogystal. Ef, fe gofir hefyd, oedd ail ŵr yr actores a'r enillydd Oscar, Peggy Ashcroft.

Yn wir, cyfeiria Garry O'Connor at gynhyrchiad Komisarjevski o'r *Ymhonwyr* yn ei gofiant i Peggy Ashcroft, *The Secret Woman* (1997);

One of his most extravagant and bizarre [bisâr, sylwer!] productions was the staging of Ibsen's historical epic *The Pretenders* for the Welsh National Festival at Holyhead. His actors were teachers, parsons, clerks, postmen and miners who worked during the week and rehearsed after teas on Sundays.

Agwedd gwbl nawddoglyd, ac aeth rhagddo wedyn i ddatgan;

Although the partition was blown down on the first night and that there was no proper stage and Lord de Walden having to be stage manager besides directing the music off stage, beating the drums and turning the wind machines, the sincerity and power of the actors were such that the applause lasted so long that it was thought the audience would not leave unless they gave the whole play over again.

Roedd y gynulleidfa yn amlwg wedi ei phlesio, er nad dyna farn pawb chwaith. Yr oedd y rheolaeth o'r sainchwyddwr neu'r *amplifier* yn rhemp i ddechrau – un funud, prin y clywid llais yr actor, y funud nesaf, rhuad erchyll! Neu fel y dywedodd critig arall o Sais, '*Sentences uttered on certain parts of the stage came forth like the roar of a bull ...*' er bod hwnnw, pob parch iddo, yn barod i gydnabod, '*but it did make an impression of splendid pageantry and the audience were evidently much struck.*'

Tybiai rhai, ar y llaw arall wedyn, y byddai 'nod is a mwy o berffeithrwydd wedi bod yn ateb uwch ac yn amgenach diben i'r cyfan.' Ymhlith rhai o aelodau'r cast, fe haerwyd, roedd rai actorion da, rhai da iawn ac ambell un o'i ysgwyddau'n uwch o lawer na'r lleill, gyda'r diweddar actor o'r Port 'ma, Llew Buckingham, mae'n dda medru dweud, wedi ei neilltuo ar gyfer y dosbarth hwnnw. Fe gyflwynodd ef i'r gynulleidfa, meddwyd, 'ofynion actio mewn llefaru, mewn unoliaeth a chysondeb, gan gadw nodwedd ac urddas ei gymeriad fel Scwle o'r dechrau i'r diwedd.'

Ond nid felly pob actor. Roedd rhai yn bur gyffredin. 'Pasiant gwych ond actio gweddol' – dyna'n sicr y dyfarniad terfynol, ac 'Efrydydd' unwaith eto yn rhifyn Awst 11, 1927 o'r *Brython*, heb flewyn ar dafod, yn datgan fel a ganlyn;

> Anghofiai'r mwyafrif o'r actyddion mai naturioldeb wedi bod drwy bair diwylliant yw llais y llwyfan i fod, ac er bod yr actor i fod i roddi ei bersonoliaeth yn ei gymeriad, y mae ef ei hun i fod o'r golwg. O ddiffyg hyn y mae rhai actorion yng Nghymru yn cael clod fel actwyr nad ydynt yn ei haeddu.

Sy'n gwneud i ddyn amau tybed a oedd adolygu perfformiadau o ddramâu yn onestach bryd hynny nag ydyw y dwthwn hwn yng Nghymru!

Ond beth bynnag y diffygion a beth bynnag y beirniadu a fu arno, rwy'n dal i daeru yr hoffwn i'n fawr fod wedi cael gweld y perfformiad hwnnw. Mwya'r piti, doeddwn i ddim o gwmpas bryd hynny! Er i mi fod yn ddigon ffodus o gael adnabod yn bur dda un a fu yno hefyd, un arall o Borthmadog fel yr oedd hi'n digwydd, un y bu iddi ei rhan yn y cynhyrchiad – nid fel un o'r actoresau, mae'n wir, eithr yn rhinwedd ei rôl fel ysgrifenyddes y Cwmni.

Merch ifanc oddeutu un ar hugain oed oedd Gwladys Williams ar y pryd – Gwladys Price yn ddiweddarach. Cawsai ei magu yn Lerpwl heb unrhyw fath o addysg ffurfiol yn y Gymraeg, eto prin fod unrhyw un wedi ennill mwy o wobrau yn yr Eisteddfod Genedlaethol am ysgrifennu dramâu na hi. Rhwng 1961 ac 1986 fe enillodd rywbeth rhwng pymtheg a deunaw gwaith i gyd (er mai fel actores a chynhyrchydd yr hoffai fod wedi cael ei chofio'n bennaf, o bosib).

Yn denau a mwy gosgeiddig na'r un *prima ballerina*, fe'i gwelid yn aml, a hithau ymhell dros ei deg a phedwar ugain, yn troedio'n dalog hyd Stryd Fawr y Port neu'n cyrchu'n selog i'r oedfa yn Salem (A) ar foreau Sul. Ac fe fyddai croeso bob amser ar ei haelwyd, Ynys Tywyn, y tŷ braf a adeiladwyd yn wreiddiol gan William Alexander Maddocks i John Williams, ei oruchwyliwr, er mwyn i hwnnw gael bod yn agos i'w waith pan oeddynt yn codi'r Cob.

Fe berthynai iddi ryw syberwyd pendefigaidd. Gorau oll pe gallech roi galwad ffôn ymlaen llaw i roi gwybod yr hoffech alw heibio i'w gweld. Byddai hi wedyn wedi ei gwisgo'n grand gynddeiriog i'ch derbyn, weithiau mewn siwt drowsus fflamgoch, ac â gofal mawr wedi ei roi i'w cholur, a phob blewyn yn ei le.

Ar ddiwrnod da gallai edrych yn ôl dros ysgwydd pymtheng mlynedd a thrigain i'r oes aur yn hanes y ddrama yn yr ardal, yn arbennig y rhan amlwg a chwaraeodd hi yn hanes y cwmni rhyfeddol o lwyddiannus hwnnw, Chwaraewyr Porthmadog.

A difyr fyddai gwrando arni'n sôn yn edmygus hiraethus am y profiadau a gawsai yn cydweithio â 'Komis', chwedl hithau, yn ystod y dyddiau pell yn ôl rheini yng Nghaergybi. Er y teimlai dyn weithiau fod ganddi rai cyfrinachau nad oedd yn barod i'w datgelu am y cyfnod hwnnw a'm bod innau, fel yr ymchwilydd hwnnw yn nofel Henry James gynt, yn holi gormod, ac o bosib yn tueddu i hwylio'n rhy agos i'r gwynt gan beri iddi hithau wedyn gau'r drws, fel petai, gan fynnu arwain y stori i gyfeiriad arall.

Dim ond rhyw ddyrnaid o flynyddoedd sydd ers i Gwladys Price ein gadael, a hithau erbyn hynny ar drothwy'r cant oed. Ond gyda'i hymadawiad hi fe aeth hefyd i'w chanlyn atgofion un o'r rhai olaf un oedd yn rhan o ferw brwd a chyffrous y paratoi ar gyfer cyflwyno'r cynhyrchiad nodedig hwnnw o'r *Ymhonwyr* – beth bynnag eto ei ddiffygion – yng Nghaergybi yn 1927. A braint i minnau fu cael croesi ei llwybr ambell waith.

Y geirioswydden brydferth bren

Wedi eu llythrennu'n gain a'u gosod mewn ffrâm i hongian ar un o barwydydd y daflod ar dop y tŷ acw y bydda i yn ymneilltuo'n eitha aml i synfyfyrio ynddi, mae geiriau cerdd yr wyf yn dra hoff ohoni. Cerdd yw hi sy'n gyfieithiad i'r Gymraeg o gerdd Saesneg a gyhoeddwyd yn wreiddiol yn 1896 mewn casgliad sy'n dwyn y teitl *A Shropshire Lad*, gwaith A. E. Housman.

Athro Lladin yng Nghaergrawnt oedd Housman yn ddiweddarch. Clasurydd o gryn fri a gallu ond heb fod gyda'r hawddgaraf o feibion dynion chwaith – er mai stori arall ydyw honno.

Ffrwyth myfyrdod gŵr ifanc wrth iddo ystyried troeon enbyd bywyd geir yn y *Shropshire Lad*, ac mae'n gasgliad telynegol hyfryd os hynod ddifrifddwys. A breuder bywyd wrth iddo edrych ar y geirioswydden yn blodeuo yn ei gogoniant yn y gwanwyn, oddeutu mis Ebrill, yw thema'r gerdd sydd gen i dan sylw. Dyma'r fersiwn Saesneg ohoni:

> Loveliest of trees, the cherry now
> Is hung with bloom along the bough,
> And stands about the woodland ride
> Wearing white for Eastertide.
>
> Now, of my threescore years and ten,
> Twenty will not come again
> And take from seventy springs a score,
> It only leaves me fifty more.

And since to look at things in bloom
Fifty springs are little room,
About the woodlands I will go
To see the cherry hung with snow.

Yn 1938 fe gaed cyfieithiad Cymraeg o *A Shropshire Lad* o dan y
teitl *Y Llanc o Sir Amwythig.* Ffrwyth cystadleuaeth yn yr
Eisteddfod Genedlaethol dan feirniadaeth T. Gwynn Jones
ddaeth â'r gwaith i'r amlwg. Roedd Gwynn Jones wedi gwirioni
ar y cyfieithiad gan ddyfarnu ei fod yn gampwaith, ac mewn
llythyr at Prosser Rhys yr oedd wedi dyfalu mai R. Williams
Parry, neb llai, oedd wedi ei lunio. Ond pan ddatgelwyd enw'r
cystadleuydd buddugol, caed ar ddeall mai un o'n poetau ni ein
hunain, o leia un a ddaeth i fyw i'r Port yn 1943 wedi iddo gael
ei apwyntio'n brifathro yr hen ysgol ganolraddol yn y dre,
ydoedd hwnnw, sef y diweddar athrylith J. T. Jones, Llwydiarth.
A dyma sut y cyfieithodd o y gerdd y mae copi ohoni wedi ei
llythrennu'n gain ac sydd wedi bod yn hongian ar un o furiau
fy nghell yn y tŷ acw ers rhai blynyddoedd bellach:

Mae'r geirioswydden, brydferth bren
Yn awr â blodau drosti'n llen,
A saif ger llwybyr Coed y Glyn
At ŵyl y Pasg yn gwisgo gwyn.

Yn awr, mae o'm saithdengmlwydd i
Ugain ni ddônt yn ôl i mi
Ac ni ad ugain gwanwyn chwim
Ond pum deg gwanwyn arall im.

Ac, am fod pum deg gwanwyn mwyn
Mor fyr i syllu ar flodau'r llwyn,
Mi af i weld, yng Nghoed y Glyn
Y ceirios bren dan eira gwyn.

Ond beth, meddech chi, yw apêl y gerdd i mi? Wel, i ddechrau cychwyn nid cerdd am geirioswydden yw hi mewn gwirionedd. Fel y dywedwyd, gŵr ifanc sydd yma yn myfyrio ar freuder ei einioes. Ugain mlynedd o'i fywyd eisoes wedi mynd heibio, dim ond pumdeg arall ar ôl … a chymryd y bydd yn ddigon ffodus i gyrraedd oed yr addewid, felly. A'r hyn y ceisir ei bwysleisio yw y dylai pob un ohonom fanteisio ar bob cyfle bosib i wneud yn fawr o fywyd, a'i fyw'n llawn ac i'r eithaf cyn iddi fynd yn ry hwyr. Ac onid yw Llyfr y Pregethwr yn cynghori'r un modd: 'cyn dyfod y dyddiau blin' meddir, 'yn y rhai nad oes yr un diddanwch ynddynt … cyn y blodeua y pren almon ac y bydd y ceiliog rhedyn yn faich … cyn y palla chwant … cyn torri'r llinyn arian … ' ac ati, ac ati.

Pa ragoriaethau neu fwynderau neu bleserau bynnag a gynigir inni yn y bywyd hwn, felly, fe ddylid eu cofleidio ar bob cyfrif – eto cyn iddi fynd yn rhy hwyr. Wedi'r cyfan, ŵyr yr un ohonom beth sydd o'n blaenau, beth sydd rownd y gornel – heb sôn am yr hyn, os rhywbeth, sydd yn ein haros y tu hwnt i'r llen. Er nad yw hwnnw'n sicr yn drywydd y mynnaf ei ddilyn ar hyn o bryd!

Rwy'n ymddiheuro am daro tant go ddifrifol. Ond rwy'n dal i daeru bod y bardd yn llygaid ei le wrth haeru bod 'pum deg gwanwyn mwyn', yn llawer rhy fyr i 'syllu ar flodau'r llwyn' ac mai doeth ar bob cyfri fyddai i bob un ohonom ddal ar unrhyw gyfle i gyrchu i Goed y Glyn i weld;

Y ceirios bren dan eira gwyn

Hynny yw, tra medrwn ni. A jyst rhag ofn!

Gyda llaw, os byth yr ewch chi ar eich hald i Lwydlo rywbryd ym mis Ebrill, fe welwch fod Cymdeithas A. E. Housman (cangen Siapan onid wyf yn cyfeiliorni'n ddifrifol) wedi plannu ceirioswydden ym mynwent yr eglwys yno i goffáu'r bardd, ac mae'r goeden i'w gweld yn ei gwir ogoniant yr adeg honno bob blwyddyn – fel yn wir y gwelir hi ym mhob cwr o Eifionydd yn ogystal.

Llofnod 'Plymar Preston'

Fe fyddai'r diweddar annwyl, yr hen gyfaill Gwyn Thomas, yn hoff o ymffrostio iddo, pan oedd yn blentyn, lwyddo i sicrhau llofnod Don Bradman, neb llai. Syr Donald Bradman yn ddiweddarach, wrth reswm, eitem y bu i Gwyn ei dirfawr drysori hyd weddill ei ddyddiau. Llofnod gŵr enwog arall o fyd chwaraeon, yntau wedi ei ddyrchafu'n farchog, sydd acw – un yr wyf finnau'n ei drysori yr un mor frwd, sef eiddo ciciwr pêl a enillodd fri ar gyfrif ei fedrusrwydd ar yr asgell chwith i Preston North End, gan chwarae cymaint â 569 o weithiau i'r clwb hwnnw heb sôn am ennill 76 o gapiau i Loegr. Ac un y bu i mi, yn rhyfygus a llesg obeithiol, geisio fy modelu fy hun arno ar un cyfnod, sef Tom Finney neu'r Preston Plumber fel y'i hadwaenid gan wŷr y Wasg.

Cystal cydnabod mai digwydd dod o hyd i hen albwm llofnodion digon rhacsiog ei hoedl y bûm yn berchen arno unwaith a sbardunodd hyn o druth, ac fe dreuliwyd orig eitha difyr yn troi ei dudalennau. Onid oeddwn innau yn chwennych llofnodion enwogion y dydd?

'*Good Luck always Wil*' – dyna oedd wedi ei sgriblo gan y consuriwr Al Roberts a'i bartner Dorothy Dickinson, dau enwog iawn yn eu dydd. A doedden nhw ddim yn brin o fynnu tanlinellu eu pwysigrwydd eu hunain chwaith drwy iddynt ychwanegu 'BBC' a 'TV' yn prowd mewn cromfachau ar ôl eu henwau!

A beth am wleidyddion y cyfnod? Mae ynddo, er enghraifft, gyfarchiad gwresog gan Megan Lloyd George a berthynai, roedd hi'n amlwg, i'r cyfnod pan oeddwn yn Rhyddfrydwr brwd. Ond erbyn Chwefror 1950 ymddengys 'mod i wedi troi 'nghôt oblegid gwelir Cledwyn Hughes yn dymuno'n dda i mi ar ddalen binc. Ac y mae'r gair 'Anglesey' wedi ei dorri yn rhywle hefyd ar un las tywyll, sef eiddo'r Marcwis a ddaethai i'n pentref ni un tro i gefnogi ymgeisydd y Toriaid. Cofiaf i 'Nhad, y Llafurwr brwd ag ydoedd, wylltio'n gynddeiriog pan y'i dangosais iddo! Yn ei gynddaredd fe fu ond y dim iddo â rhwygo'r ddalen yn rhydd a'i bwrw i'r tân!

Roeddem ni hefyd yr un mor barod, yn ffrindiau a chydnabod, i wahodd ein gilydd i gyfrannu rhywbeth ar dudalennau ambell albwm. Er mai yn y Saesneg bron yn ddieithriad, rwy'n ofni, y byddai'r traethu hwnnw, a phob un ohonom fel pe na bai erioed wedi cefnu ar Oes Fictoria, am y gorau i gynnwys neges neu gyngor neu rhyw fath o foeswers cyn torri ein henwau. Meddylier mewn difri am Neli Owen 3A fel petai'n bedwar ugain a hithau yn ddim ond pedair ar ddeg yn cynghori'n fydol ddoeth fel a ganlyn;

We're all in the team for the game of life
We've all got a match to play ...

Y Twm Llanol deuddengmlwydd wedyn (Dr Tom Parry Jones, y miliwnydd a dyfeisydd yr anadliedydd yn ddiweddarach) fel petai o ddoethineb ei bennwyni yn datgan;

Never get discouraged
Though your efforts seem in vain,
Should you fail a thousand times,
Don't worry, try again ...

Pethau rhyfedd ac ofnadwy fel yna!

A dyna eilunod y byd reslo y byddem mor edmygus o'u campau yn Neuadd y Farchnad, Caergybi ar nos Sadwrn – yr horwth Man Mountain Benny, i enwi un a oedd yn gryfach na dwsin, neu Taffy Jones, Trawsfynydd, The Indian Death Lock King fel y'i gelwid: dau y bu i mi bron â fferru a chael niwmonia dwbl, heb sôn am golli'r bws olaf gartre un tro am sefyll oriau y tu allan i'w hystafell newid, dim ond yn y gobaith o gael cip arall arnynt ac o bosib sicrhau eu llofnod. A'n helpo!

A chaf wefr hyd yn oed heddiw o weld '*Sincerely Tommy Jones Everton & Wales*' yn serennu arna i oddi ar un o'r dalennau.

Er fy mod i wedi crwydro braidd oddi ar fy mhrif fater, sôn am y Preston Plumber yr oeddwn i fel y cofier, oblegid fel yr oeddwn i'n troi dalennau'r hen albwm, beth lithrodd ohono ond darn bychan o bapur rhydd a oedd erbyn hynny wedi dechrau brychu a melynu braidd. Ar fy ngwir, llofnod y diweddar asgellwr chwimwth, Tom Finney. A dyna'r atgofion yn dechrau llifo'n syth.

Goddefer mymryn o ymffrost bachgennaidd digon diniwed gen i yr awron. Er, waeth cyfadde gyntaf oll mai cyffredin a digon prin eu huchafbwyntiau fu fy nghampau academaidd i yn yr ysgol 'stalwm. Onid '*Fairly satisfactory*' yn unig fyddai dyfarniad y Prifathro ar derfyn fy adroddiad blynyddol bob tro? Eto i gyd – a bendith dragwyddol ar ei ben annwyl am hynny – fe fyddai'n gyson ddi-feth yn ychwanegu un cymal achubol arall amdanaf – '*but very good in football*'.

A chiciwr pêl proffesiynol oeddwn i am fod. Oni chawswn fy newis yn aelod o dîm yr Anglesey Schoolboys unwaith i chwarae yn erbyn y Flintshire Schoolboys. Er mai colli'n drychinebus o un gôl ar ddeg i ddim fu hanes bechgyn Môn y tro hwnnw, rwy'n ofni! Ond y gwir yw – gwir a saif, dealler – mai un o Sir Fflint oedd dyfarnwr y gêm honno. Cawsom gam enbyd!

Eto i gyd, ac ar waetha'r grasfa honno, daliwn i gael rhith weledigaethau mynych o fawredd y byddwn mewn dim o dro yn ddigon da i chwarae i Everton rhyw ryfedd dydd. A chan mai Tom Finney oedd yr arwr mawr, yr eilun a addolwn, fe benderfynais er mwyn profi i 'nghymrodyr ein bod ni'n dau, y fo a fi, ar delerau da â'n gilydd, y byddai'n burion peth i mi anfon am ei lofnod. A dyna fel yr aed ati, yn fy Saesneg carbwl i, sgriblo nodyn byr ato – byr iawn hefyd – ar linellau nid annhebyg i'r canlynol: '*Dear Mr Finney, I am a left winger like you but only twelve and would like your autograph please. Thank you very much. I enclose a s.a.e. Yours faithfully ...*' a'i anfon i Mr T. Finney PRESTON N.E.F.C. Preston, England.

O fewn y mis, creder neu beidio, galwodd y postmon yn ein tŷ ni. Roedd y llofnod wedi cyrraedd. Gellir dirnad y balchder, y llawenydd a'r gorfoledd o'i dderbyn.

Ond y cwestiwn a erys yw beth, tybed, yn y diwedd a ddigwyddodd i'r llanc hwnnw a dybiai yn ddeuddeg oed fod y llwybr i chwarae ar yr asgell chwith i Everton ym Mharc Goodison yn ymagor yn unionsyth o'i flaen? Digon, gwaetha'r modd, ydi datgan ar ôl i'r Anglesey Schoolboys gael y fath grasfa gan y Flintshire Schoolboys, iddo yntau druan bach gael DROP. Fe chwalwyd ei obeithion yn chwilfriw. Rhoes yntau heibio ei ddyheadau bachgennaidd, ac fe aeth yn ditshiar R.I. i rywle. A chiciodd o 'run bêl byth wedyn. Afraid nodi hefyd na faddeuodd o byth chwaith gamwri enfawr yr hen ddyfarnwr hwnnw tuag at Hogiau Môn unwaith. Cym on, reff! Er hynny, ac ar waetha'r cwbl oll, mae enw Syr Tom Finney C.B.E. 1922–2014 yn dal i berarogli yn ei olwg. Ac ydi, yn sicr, y mae llofnod y gŵr mawr hwnnw yn dal i fod yn un o brif drysorau ei aelwyd o hyd.

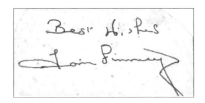

Cam gwag rhyw gasglwr gweithiau celf

Mae i ni'n dau acw un gwendid go fawr. Wel, o feddwl, hwyrach fwy nag un, er nad oes unrhyw ddiben canolbwyntio ar y rheini hefyd yn awr! Am y tro, fe fentra i gyfeirio at yr un hwnnw'n unig, sef ein hoffter o fynd o gwmpas orielau celf. Ac y mae'r dewis sydd gennym yn y gogledd 'ma, chwarae teg, yn un digon eang i foddio chwant y casglwr mwyaf brwd. Fe fyddwn yn llai na gonest hefyd pe dywedwn na chawsom, o bryd i'w gilydd, ein temtio i fynd i'n poced i brynu ambell eitem o blith gweithiau arlunwyr o Gymru, neu'n wir rai a chanddynt gysylltiadau Cymreig. Er na fynnwn wadu, o safbwynt y prynwr beth bynnag, y byddai'n llawer doethach iddo brynu – os prynu o gwbl – mewn ambell ocsiwn yn hytrach nag mewn oriel. Mewn ocsiwn yn y Gaerwen, dyweder, neu yn sicr ar dro ym Mae Colwyn, gallech daro ar fargen eitha taclus.

Sôn am y cam gwag a roesom unwaith, fodd bynnag, yw amcan hyn o druth. O groesi'r ffin i Loegr y digwyddodd hynny pan fu inni, rwy'n ofni, losgi'n bysedd yn bur ddifrifol. Ond ar waetha popeth, ni thybiaf 'mod i'n gwneud unrhyw gam â'r Oriel arbennig honno o'i henwi.

Oriel Whitewall yn Stratford upon Avon oedd hi, canys fe roddwn fy mhen i'w dorri, pob parch iddynt, na wyddai perchennog, rheolwr, nac unrhyw aelod o staff yr oriel honno beth oedd ar fin digwydd pan oeddynt yn trefnu arddangosfa yno o waith arlunydd eitha enwog, byd enwog mewn ambell gyfeiriad, un yr oedd iddo gysylltiadau Cymreig eitha sicr.

Digwydd taro i mewn wnaethom ni ar un o'n hymweliadau â'r dre honno yn Swydd Warwick. Dim ond noson y bwriadem ei dreulio mewn gwesty yno, a ninnau wedi sicrhau tocynnau i fynd i weld perfformiad yn y Theatr Goffa o un o ddramâu mab enwoca'r dreflan honno. Yn eironig reit, *All's Well That Ends Well* oedd yr arlwy gâi ei gynnig ar ein cyfer. Ail ddiwrnod yr arddangosfa oedd i bara yno am dair wythnos oedd hi, ac nid yn annisgwyl yr oedd samplau niferus o weithiau'r arlunydd yn blastar ym mhobman ar furiau'r Whitewall. A rhaid cydnabod inni gael ein cyfareddu gan y dewis ynghyd â'r amrywiaeth goludog oedd yn cael ei gynnig. Ein swyno i'r fath raddau fel ein bod ar fin cael ein temtio i fynd am un ohonynt. Cerddai dwy o ferched ifanc glandeg iawn, iawn o gwmpas yn rhinwedd eu swydd fel croesawferched. Afraid nodi eu bod yn bowdwr ac yn baent drostynt, a chyda'u sodlau stileto pigfain yn eu dyrchafu gufyddau uwchlaw y meidrolion cyffredin o'n plith. Parod iawn, er hynny, i roi arweiniad a chymorth i'r sawl a'i mynnai. Os deallais yn gywir, Claire oedd enw un ohonynt, a phan ddarganfu y ddywededig Claire ein bod yn hofran yn hir o gwmpas un eitem, fu hi yr un jiffiad nad oedd hi wedi pownsio! '*Isn't that quite something*,' sylwodd. Ni allem ninnau lai na chytuno.

Mynegwyd peth syndod o ddeall ein bod yn Gymry. Nid nad oedd ganddi hithau gysylltiad â'r rhan honno o'r byd. Onid oedd modryb i'w *ex*, chwedl hithau, yn un o Brestatyn, a phan grybwyllwyd y gair Porthmadog bu ond y dim iddi â mynd i gyffylsiwns aflywodraethus o chwerthin. '*The place with the funny name*,' ebe hi, '*we always had a giggle going through your town on the way to Butlins – PORT MAD DOG we used to call it*.' Digri tu hwnt. Roedd hi'n amlwg na chlywsai miledi erioed am Madog ap Owain Gwynedd, na William Alexander Maddocks, llai fyth am Eifion Wyn!

'Rôl canu clodydd ein henwlad, mynnodd yr wybodus Claire olrhain cysylltiadau Cymreig yr arlunydd yr oeddid yn arddangos ei weithiau yno cyn mynd rhagddi i ddadlau y byddai bod yn berchen ar un ohonynt yn fuddsoddiad gwerth chweil ... bla, bla, bla.

Nid bod angen iddi rethregu rhyw lawer chwaith canys roeddem eisoes wedi mwy na chynhesu at un ohonynt.

Contemplation – dyna'r teitl a roed iddo. Sgets mewn siarcol, dim mwy na phen ac ysgwyddau rhyw hen ŵr â golwg bell arno am ei fod, roedd hi'n amlwg, yn dwysfyfyrio ynghylch rhyw fater neu'i gilydd. Ac ar hwnnw y syrthiodd ein coelbren. Penderfynwyd yn y fan a'r lle mynd amdano er dirfawr foddhad i Claire a'i chydweithwraig, un a oedd hwyrach fymryn yn dawelach ei natur er nad dim hanner llai gwengar. A fu'r ddwy ddim o dro nad oeddynt wedi ei bacio'n gariadus mewn plygion tew o blastig bybl. Dim ond un mater bychan, er un eitha poenus, oedd yn aros wedyn, sef talu amdano mewn arian sychion cyn ei gwneud hi am allan i gyfeiliant diolchiadau llaes a'r dymuniadau gorau mwyaf diffuant y gallai'r ddwy eu cynnig am inni gael siwrnai ddiogel yn ôl i Wêls!

Roedd hi'n tynnu am hanner awr wedi pump erbyn hynny, a chyda'r pryniant yn ddiogel dan y gesail, dyna'i g'neud hi'r tri chan llath i'r gwesty gan brysuro i'n hystafell i'w adael yno tra byddem yn y Theatr. Er mai prin y sylweddolem, chwaith, beth fyddai eitem gyntaf un newyddion chwech yr union noson honno.

Mae'n wir na chofiwn odid y nesaf peth i ddim am fanylion y perfformiad hwnnw bellach, oblegid fe fu i ddigwyddiadau'r ychydig oriau nesa gymylu pethau'n enbyd. Tynnai am unarddeg erbyn ein bod yn ôl yn y gwesty, ond cyn mynd i glwydo dyna roi'r teledu ymlaen, dim ond i weld un o eitemau olaf rhyw raglen yn ymwneud â phenawdau'r Wasg trannoeth, oedd yn cael eu dangos. Er mai'r unig beth y sylwasom arno fel yr oedd y rhaglen yn dod i'w therfyn oedd pennawd bras naill ai'r *Sun* neu'r *Mirror* – petai wahaniaeth yn union p'run – yn fflachio ar draws y sgrin. Un gair yn unig: *Paedophile*. Diau y caem fwy o fanylion yn y bore, a chymryd y byddai gennym ddiddordeb mewn sgandal arall o'i bath. Amdanom ni byddai taith hir gartre yn ein haros. Roedd hynny'n hen ddigon i boeni yn ei gylch.

Eithr erbyn y bore doedd dim modd osgoi'r peth. Erbyn hynny pennawd pob papur ynghyd ag eitemau cyntaf pob rhaglen sain a theledu oedd bod y diddanwr a'r arlunydd nid anenwog hwnnw y bu i ni brynu un o'i luniau yn Oriel Whitewall, dim ond ychydig oriau ynghynt, wedi ei gyhuddo o gyflawni troseddau gyda'r mwyaf ysgeler. Ei enw? Rolf Harris. Roedd un peth yn sicr – doedd dim llawer o archwaeth am frecwast ar yr un ohonom wedyn! Beth oeddem ni wedi ei wneud? Ac o'n cael ein hunain yn y fath dwll beth, yn enw popeth, y gellid ei wneud ynghylch y mater? Edrychem yn hurt ar ein pryniant yn gorwedd ar gadair yno yn ein hystafell. Tybed a ellid ryw fodd yn y byd mynd ag o yn ôl i'r Whitewall i ddatgan ein bod wedi newid ein meddwl, gan ryw lesg obeithio y byddent hwy wedyn yn ystyried ei gymryd oddi ar ein dwylo? Yn absenoldeb hynny, oni ellid symud yn gyflym i ganslo'r siec? Neu rhywbeth? Mae'n wir inni fynd heibio'r Whitewall cyn ei chychwyn hi am gartre ganol y bore hwnnw dim ond i gael y lle ar gau. Doedd dim arwydd o fywyd yn unman er ei bod yn gwbl amlwg iddynt fod yn dra phrysur yno dros nos am fod holl luniau Harris wedi eu symud rywle o'r golwg, wedi eu disodli gan waith rhyw arlunydd arall. A thua thre yn drist a distaw y troesom ninnau ein cyfeiriad, heb fod gennym y syniad lleiaf beth i'w wneud â'n pwrcasiad anffodus. Beth petaem yn ei gynnig yn anrheg i un o'r plant? Er mai buan iawn y rhoddwyd y syniad hwnnw o'r neilltu. 'No blincin wê ... peidiwch â disgwyl i un ohonon ni roi lle iddo ...' oedd y corws clir a ddaeth o'r ddau gyfeiriad. Afraid manylu! Nid na chaed un ymdrech derfynol arall ymhen blwyddyn go dda i gael gwared â'r *Contemplation*, cofier. Cysylltwyd â Chwmni Arwerthwyr yr oedd ganddynt brofiad helaeth o werthu gweithiau celf. Mae'n wir iddynt ddatgan peth cydymdeimlad pan glywsant ein stori er na allent gynnig fawr o obaith chwaith. 'Does neb yn gofyn beth mae ei waith o'n da mwyach,' meddwyd, cyn ychwanegu, 'yr unig beth y gallwn ei gynghori yw eich bod yn dal eich gafael arno am rhyw bymtheg i ugain mlynedd ... erbyn hynny, hwyrach y bydd pobol wedi dechrau anghofio.'

Ugain mlynedd! A'n helpo. Sôn am gysur. Pwy bynnag ohonom fyddai byw mewn ugain mlynedd!

Swm y cyfan a ddywedwyd yw bod y pryniant anffodus yn hel llwch mewn taflod yn Eifionydd ers y dydd olaf o Ionawr 2013 bellach. Nid nad ydym yn dal i fyw mewn gobaith bod 'na rywun allan rywle yn y fan acw a allai fod â diddordeb yn ei brynu gennym. Ei brynu, prysurir i ychwanegu, am bris gostyngol iawn! Yn wir, ac yn wir mae homar o fargen yn aros rhywun. Os oes, cysyllter ar fyrder. Rwy'n eitha sicr y deuem i gyd-ddealltwriaeth â'n gilydd yn rhwydd ddigon.

A does gen i ond un gair terfynol arall i'w gynnig ar y mater. Mae'n rhyfedd cofio heddiw pa ddrama y buom yn ei gweld y noson honno. *All's Well That Ends Well* myn cebyst!! Be nesa?

Mwy o fathru'r winllan

Arwydd sicr o ddechrau mynd yn hen yw bod ambell un ohonom yn troi'n dipyn o hen grintach, yn mynd yn biwis, yn geidwadol, yn gwrthwynebu unrhyw newid, yn amharod i symud efo'r oes, yn cynddeiriogi ynghylch manion, yn amheus o unrhyw gynnydd. A thybed 'mod innau erbyn hyn wedi dechrau dioddef o ambell un o symtomau'r aflwydd hwnnw? Dim ond gobeithio y caniateir i mi restru ambell beth a'm bwriodd oddi ar fy echel yn ddiweddar.

Digwydd dod adre o Tesco yr oedden ni un bore – sefydliad, gyda llaw, na fu gen i (yn wahanol i'm gwraig) erioed gariad ry angerddol tuag ato – ac wrth droi i Banc Place (gan lwyddo dim ond o drwch blewyn i osgoi lladd dau oedd yn gwibio'n rhyfygus ddifeddwl ar draws y ffordd, heb drafferthu i edrych i'r chwith nac i'r dde wrth wneud bî-lein am y Llythyrdy i godi'u pensiwn) dyna sylwi ar arwydd a oedd wedi ei sodro ar dop y grisiau yn arwain at Gapel Garth. Wel! ar fy ngwir. *Free firewood* – dyna'r addewid. *Free*, dealler! Ia, coed tân am ddim, a hynny mewn hen fyd nad oes fawr o ddim i'w gael am ddim ynddo bellach! A dydw i'n amau dim na fu i liaws fanteisio ar gynnig mor hael.

Er mai gwaredu braidd yr oeddwn i. O ble dôi y *free firewood* hwnnw, tybed? Y pitsh pein gorau, o bosib, wrth iddynt anrheithio a diberfeddu un arall, eto fyth, o hen gapeli'r dref. Oni ddaethai'n fath o Ddinistr Jeriwsalem yn y Port hithau erbyn hynny?

Dinistr ar ddinistr ddaeth
Ddu afradwaith ddifrodaeth

A'r saint a fu yno'n addoli y dyddiau gynt, mae'n ddiamau, y diwrnod hwnnw yn troi yn eu beddau. Ond fawr neb arall yn becso dam bellach chwaith.

Yn ôl yn y Borth canfod nad oedd hi fawr gwell yno – os peth gwaeth yn wir. Roedd capel arall wedi hen gau ei ddrysau ers tro byd yn y pentref ac arwydd '*For Sale*/Ar Werth' o flaen Ebeneser. Ac yr oedd rhywun neu grŵp o rywrai, roedd hi'n amlwg, am fod yn rhan o'r ras i'w brynu oblegid yn ddigywilydd reit, yr oeddid wedi gosod hysbyseb na ellid ei methu yn union o dan yr arwydd 'Ar Werth'. Ai gwaith y mudiad sydd, neu a fu, yn arddel y teitl amheus '*Friends of Borth y Gest*', tybed? Dim ond gofyn. Er, dichon 'mod i'n cyfeiliorni.

Gwahoddiad powld oedd arno, yn gwbl ddiganiatâd, gellir tybio, i bobl ymgynnull yno yn y capel ar ddyddiad penodedig i archwilio, o bosib, y bwriad o'i brynu. '*Let us breathe new life into our village*' – dyna'r neges – fel y gellid troi'r hen le yn *Community Hall*, yn *Sports Centre*, yn wir yn *centre* ar gyfer cynnal *concerts* a llawer o *activities* o'u bath. Hysbyseb oedd i gyd yn y Saesneg, wrth reswm. Yr heniaith dan warchae unwaith yn rhagor, a'n hunaniaeth Gymreig yn yr ardal dan fygythiad o gyfeiriad nawddoglyd rhai oedd am i awelon llesol eu gweledigaeth ddeffro'r meirwon yn ein plith i achosi daeargrynfeydd er rhoi anadl newydd i'r pentref a'n hysgwyd o'n trwmgwsg. Eithr ar eu telerau nhw, mae'n ddiamau. A hynny heb iddynt sylweddoli mai llawer mwy dewisol gan rai ohonom Forth-y-gest fel yr oedd yn hytrach nag fel y mynnir iddo fod gan rai o gael eu maen i'r wal.

Diau y'n cyhuddir o bob math o gulni, ond y gwir yw i sawl un ohonom gael ei gynddeiriogi gan y fath feiddgarwch. Er mai da fu canfod ymhen deuddydd fod yr hysbyseb wedi ei thynnu i lawr fel nad oedd ei lle yn adwaen dim oll ohono mwyach. Ond am ba hyd? Amser a ddengys. Diau y cwyd y mater ei ben ar ryw lun eto, rhywbryd.

Wedi pwdu braidd, dychwelais i'r tŷ – ond am ei bod yn ddiwrnod hyfryd o Fai dyna wneud paned i mi fy hun a phenderfynu mynd allan i'r ffrynt i'w hyfed, gan obeithio mwynhau'r olygfa yr un pryd. Trem y Foel yn briodol iawn, dyna enw'n cartref, a ninnau ers un hanner canrif wedi cael y pleser o edmygu'r hen Foel wrth iddi newid ei lliwiau gyda threigl sicr y tymhorau. Er y byddai 'Trem y Moch', o bosib, yn enw mwy addas ar ei gyfer heddiw oblegid mae cenfaint ohonynt wedi llwyr feddiannu'r cae gyferbyn â'r tŷ bellach. Lle gynt a fu'n hafan i adar y gwlyptir o sawl math – ac oni welwyd ambell Las y dorlan hefyd yn gwibio heibio ar dro – mae epil Gadara wedi cymryd drosodd, wedi bod yn tyrchio ac yn mathru'r lle, yn gwneud cryn lanast gan roi pleser i odid fawr neb ac eithrio hwyrach rai ymwelwyr o Burnley a Barnsley a Bradford a mannau tebyg pan ddônt heibio ar eu hald i ryfeddu at eu campau ac i hylldremu arnynt fel pe na baent erioed wedi gweld yr un mochyn yn eu bywyd o'r blaen.

Oni chlustfeiniais ar sgwrs rhwng dau wrth iddynt fynd heibio un bore? '*Aren't they absolutely sweet?*' mentrodd y wraig. 'B*ut why do you think they are snorting aloud like that?*' A'r gŵr gwybodus, o ymchwyddo i'w lawn dwf, yn ateb gydag awrdurdod, '*Because they've been looking for truffles, luv.*' Rhyfedd, rhyfedd o fyd! Pethau fel Cloron Périgord wedi eu canfod ym Morth-y-gest o bob man!

A bod yn gwbl onest, doeddwn i'n bersonol ddim mor frwd yn eu cylch nac yn gweld moch yn bethau *sweet* o gwbl – er na fyddaf innau, cofier, yn brin o fwynhau ambell sgleisan i frecwast o dro i dro. Gofidio roeddwn i braidd nad oedd clogwyn yn nes fel y gellid trosglwyddo lleng o gythreuliaid iddynt. Beth bynnag am hynny, y ffaith amdani bellach yw fod llecyn od o brydferth wedi ei droi'n rhan o wlad y moch a'r cibau a minnau yn awr â rhyw syniad, o leia, sut y teimlai'r mab afradlon gynt!

Ond wedi dweud hyn oll, y tebyg yw mai fi sydd ar fai, wedi mynd fymryn yn grintachlyd ac yn rhy barod i wrthwynebu'r hyn a elwir y dwthwn hwn yn *progress*. Posib hefyd y'm cyhuddir o bori gormod a mwydro 'mhen yng ngweithiau'r penboethyn arall hwnnw, ryw Saunders Lewis a fyddai'n sôn byth a hefyd am winllan a moch a phethau rhyfedd o'u bath.

Hwyl a fflag i chi felly am y tro, gyfeillion, o'r wlad sydd heddiw'n llifeirio o *free firewood*, *truffles* a chibau, ac o'r pentre bach del hwnnw y bwriedir anadlu *new life* iddo'n fuan iawn.

O.N. O sôn am fflag, rwyf newydd ddeall y bu protestio lled ffyrnig o ambell gyfeiriad yn ddiweddar am fod gŵr o'n hardal wedi meiddio gosod polyn ar ei dir ei hun er mwyn i faner y Ddraig Goch gwhwfan yn falch oddi arno. Baner ei wlad ei hun ar ei dir ei hun, dalltwch chi, a phobl yn gwarafun yr hawl iddo. Wel yn y wir, onid aeth pethau'n llwyr i'w crogi. A'n helpo!

Cofio cyn-ddisgybl

Ar gyfri rhyw esgeulusdod ar fy rhan bu ar goll yn ddiweddar, a bûm yn chwilio amdani o dop y tŷ acw i'w waelod ers rhai wythnosau. Fel y mae'n digwydd does dim ond rhai dyddiau ers pan ddaeth hi i'r fei, ac fel y wraig honno a gollodd y dryll arian hwnnw gynt bu llawenydd mawr dros ben pan ddeuwyd o hyd iddi.

Cyfrol denau clawr meddal digon rhacsiog ei hoedl ydi hi, gydag olion traul go arw arni o gael ei bodio mor aml. Ymddengys iddi hen weld dyddiau gwell.

Ac nid fi oedd ei pherchennog gwreiddiol chwaith. Yn wir, rwy'n amau'n fawr ai fi sydd berchen arni heddiw, a pha faint o hawl sydd gen i arni. Cael ei benthyg wnes i ac, fel sy'n digwydd yn rhy aml, y benthyciwr o bosib, am ba reswm bynnag, heb ei ddychwelyd i'r sawl a roddodd y benthyciad iddo. Onid yw enw a chyfeiriad, yn wir rhif ffôn ei gwir berchennog wedi ei nodi'n gwbl annileadwy mewn llawysgrifen led hogynnaidd ar y ddalen flaen?

Llawysgrifen hogyn ysgol o'r Port. Tybiaf mai 1972 oedd y flwyddyn a'r hogyn hwnnw ar y pryd yn fyfyriwr Chweched Dosbarth yn Ysgol Eifionydd ac wedi dewis Gwybodaeth Ysgrythurol fel un o'r pynciau i'w hastudio ar gyfer ei Safon A.

'Dwi'n siŵr y leciwch chi hon,' ebe'r disgybl wrth ei athro un bore, 'triwch nhw ar Bl 4 neu Bl 5 i chi ga'l gweld. Mi ddalia i rwbath y cewch chi a nhwtha andros o sbort o wrando ar y storïau sydd ynddi.' A gadael y gyfrol yn fy ngofal.

Yn wir ac yn wir, andros o sbort a gaed hefyd – *God is for Real, Man* gan un Carl Burke, dyna ei theitl. Wedi ei chyhoeddi am y tro cyntaf ym Mhrydain yn 1967 gan Gwmni Fontana, ond mae'n rhaid bod mynd da a galw mawr wedi bod amdani oblegid copi o'r degfed argraffiad a gyhoeddwyd yn Ebrill 1971 yw'r un sydd gen i.

Caplan mewn carchar i droseddwyr ifanc yn Efrog Newydd oedd Carl Burke, ac ymdrech a gaed ganddo i gyfathrebu â rhai nad oedd ganddynt y rhithyn lleiaf o ddiddordeb yn y Beibl na'i bethau. Yn hytrach na mynd ati i geisio bwrw crefydd i lawr corn gyddfau llafnau a oedd yn droseddwyr caled a diegwyddor fe aeth ati i geisio gwneud rhai o'r straeon Beiblaidd mwyaf cyfarwydd yn berthnasol drwy eu cyflwyno iddynt mewn iaith ac idiom oedd o bosib yn fwy dealladwy.

Bodloner am y tro ddim ond ar nodi'n unig y teitlau a roddodd i rai o'r storïau Beiblaidd hynny y mynnodd eu hadrodd i'r praidd dan ei ofal.

The story of the cool cat called Noah – Hanes y Dilyw
God is Mr Big. Real Big – Y Deg Gorchymyn
The Lord is my Probation Officer – Y drydedd Salm ar
    hugain
Don't try to con the Lord – Y Temtiad
If you use your brains, they grow – Dameg y Talentau
The one used car that was snitched – Dameg y Ddafad
    Golledig
The rich creep has it hard – Y Gŵr Ifanc Goludog
A stoolie in Jesus' gang – Brad Judas
When you aint so hot yerself – Gweld brycheuyn yn llygad
    brawd
A cool square comes to the rescue – Y Samariad Trugarog
Throwin' a party for Junior – Dychweliad Y Mab Afradlon
Some lunch, Huh? – Porthi'r Pum Mil
When Jesus busted out of the grave – Yr Atgyfodiad
Ever since then the preacher's been yellin' –
    Digwyddiadau'r Pentecost

A do, yn sicr iawn, fe gafodd Carl Burke groeso ardderchog yn Ysgol Eifionydd yn ogystal. Ac andros o hwyl a gaed. Mae'n wir,

hwyrach, nad bratiaith troseddwyr caled Efrog Newydd oedd
eiddo rhai crymffastiau o Eifionydd, er y gallai eu hidiom
hwythau, fynnwn i ddim gwadu, fod yr un mor wreiddiol a
blodeuog ar brydiau. Ymataliaf rhag manylu! Sôn am *Feibl.net*
yn hyn o fyd, wir. Dydi hwnnw ddim ynddi.

Eithr teg erbyn hyn yw holi tybed pwy yn union oedd y llanc
dwy ar bymtheg a fynnodd ddwyn fy sylw at y gyfrol yn y lle
cyntaf ac a roddodd ei benthyg i mi, cyfrol fe ymddengys, er
mawr gywilydd imi, wedyn nas dychwelwyd iddo.

Fel y nodais mae ei enw, ei gyfeiriad a'i rif ffôn yn gwbl
blaen ar y ddalen rwymo sef ryw Gareth Finley Williams, Llys
Awel, East Avenue, Porthmadoc, Caernarvonshire, North
Wales. Tel: 2427.

'Ryw' Gareth Finley Williams, myn brain! Prin y
sylweddolwn i ar y pryd y byddai'r Gareth F. Williams hwnnw
rhyw ryfedd ddydd yn datblygu i fod – ac yr wyf yn mesur fy
ngeiriau'n dra gofalus wrth ddweud hynny – yn un o'r llenorion
gorau a gododd tref Porthmadog erioed.

Er ei bod yn chwith meddwl nad yw efo ni mwyach chwaith.
Fe'i dygwyd oddi arnom yn llawer iawn rhy gynamserol. Coffa
da amdano. Ac fe fydd yn ymffrost gen i tra byddwyf gofio i'n
llwybrau ni'n dau groesi ac yna gydredeg am rai blynyddoedd
yn ystod cyfnod lled ffurfiannol yn ei hanes, yn wir inni'n dau
aros yn gyfeillion agos hyd weddill ei ddyddiau'n ogystal.

Ond mae 'na rywbeth eitha chwithig, yn sicr, o'i le bod hen
gyn-athro yn ceisio rhoi teyrnged fel hyn i gyn-ddisgybl hoff.
Onid fel arall yn ôl y drefn y dylai pethau fod? Dyna brofiad dyn
wrth feddwl am golli Gareth.

Dydw i ddim am fentro ceisio cloriannu ei gampau disglair
yn y meysydd llenyddol oblegid gwnaed hynny yn y llu
teyrngedau a fu iddo eisoes, ac a ddaw eto, mae'n ddiamau, yn
y blynyddoedd i ddod.

Cofio Gareth, y cyfaill agos a hynod deyrngar yr ydw i. Ac
nid rhyw gyfeillgarwch ffurfiol fel cydrhwng athro a chyn-
ddisgybl fu hi chwaith, am iddi ddatblygu'n glosiach o lawer na

hynny dros y blynyddoedd. Onid oeddem ein dau o gyffelyb anian, rywsut? Er mai fy nghyfarch yn bryfoclyd reit fel Gamaliel y byddai yn y llythyrau mynych oddi wrtho a fyddai'n cyrraedd acw'n rheolaidd.

Ac yr oedd y gwreiddioldeb hwnnw, yr hyn y gellir ei alw'n 'fflêr', yn ei nodweddu o'r cychwyn, hyd yn oed yn annisgwyl iawn weithiau mewn ambell draethawd y byddai yn ei lunio ac yntau yn y Chweched Dosbarth.

Fe'i cofiaf yn ennill un o'i wobrau llenyddol cyntaf ac yntau yn ddim ond glaslanc dwy ar bymtheg wedi i ddyn lwyddo i'w berswadio i gystadlu am y gadair yn Adran Ieuenctid Eisteddfod Môn a gynhaliwyd ym Miwmaris yn 1973. Am dri darn o farddoniaeth mewn gwahanol fesurau y gofynnwyd, a Gerallt Lloyd Owen yn hael ei feirniadaeth wrth ddyfarnu'r wobr iddo. Er mai troi at ryddiaith a wnaeth o wedyn, wrth reswm.

Y fath gynhaeaf toreithiog fu hwnnw, yn cynnwys sgriptiau teledu niferus ar gyfer S4C, *Pelydr X*, *Pengelli*, *Pen Tennyn* a *Rownd a Rownd* i enwi dyrnaid yn unig; addasiadau ar gyfer y llwyfan wedyn gyda'r addasiad enwog o *Llyfr Mawr y Plant* yn dod yn syth i'r cof, ynghyd â'i sgript ffilm *Siôn a Siân*. A dyna'r nofelau: *Dyfi Jyncshion – y Dyn Blin*, *Y Ddynes yn yr Haul*, *Creigiau Aberdaron*, *Y Tŷ ger y Traeth*, *O Ddawns i Ddawns*, *Mei Ling a Meirion*, eto ddim ond i enwi dyrnaid, heb sôn am ei gynnyrch sylweddol iawn ar gyfer plant a phobl ifanc. Amser a gofod yn wir a balla. Oni fu iddo ennill Gwobr Tir na-nOg gymaint â chwech o weithiau – record na thorrir y rhawg, dybia i, a champ y byddai rhywun o galibr yr arch storïwr mawr ei hun, T. Llew Jones, yn eitha balch o'i harddel. Heb sôn, eto fyth, am wobrau eraill megis y BAFTA a rhai yn yr Ŵyl Ffilm Geltaidd.

Fel yr oedd pethau'n digwydd bod yn 2011 fe'n gosodwyd ni'n dau ar restr hir Llyfr y Flwyddyn. Sôn am dynnu coesau ein gilydd fu bryd hynny. Cofiaf anfon ato i'w rybuddio – 'Dallta di hyn, mêt, os bydd i ti ennill un o'r gwobra a minnau ddim, thorra i 'run gair efo chdi byth eto!' Yntau'n ateb gyda'r troad yn yr un ysbryd pigog – 'Chewch chi ddim SMEL arni. Rydw i wedi trefnu sut i wario'r arian mawr yn barod!' Fel y digwyddodd pethau chafodd y naill na'r llall ohonom yr un smel arni y tro hwnnw!

Ond efo'i gampwaith, ei nofel epig *Awst yn Anogia* yn 2015, nid oedd amheuaeth o gwbl ynghylch y dyfarniad. Er ei bod yn pwyso lawn cymaint â *Chaneuon Ffydd* fel yr edliwiais iddo droeon.

Ei wroldeb mawr wedyn wrth iddo ymgodymu â'i salwch, heb rithyn o hunandosturi na surni o fath yn y byd. Rwy'n lled siŵr mai acw yr anfonodd o un o'i lythyrau olaf – wedi iddo fod yn beirniadu cystadleuaeth y Daniel Owen yn Eisteddfod Genedlaethol Y Fenni, a hynny braidd ddeng niwrnod cyn ei ymadawiad. Gyda dewrder anhygoel yn gwamalu ac yn gwbl bositif ei agwedd, dywedodd ei fod yn cydnabod iddo golli pwysau ac yn mynd yn debycach, chwedl yntau, i Charles Hawtrey bob dydd.

Roeddem ni hefyd wedi trefnu i gyfarfod yng Nghaerdydd rywbryd cyn y gaeaf fel y gallai dau ddyn 'hynod ddoeth', eto chwedl yntau, roi'r hen fyd 'ma'n daclus yn ôl yn ei le.

Wel, roedd yr haf yn dal i loetran yn ei hoff Eifionydd y prynhawn hwnnw pan glywais i ar un o fwletinau newyddion Radio Cymru fod y gaeaf wedi dod yn llawer cynt yn ei achos ef druan, a hynny mor anhymig, ac yntau yn ddim ond chwe deg ac un oed, ac na fyddai'r cyfarfyddiad arfaethedig yn bosib.

Na, yn sicr nid fel hyn y dylai pethau fod. Cydymdeimlir yn ddwys â'i holl deulu. Dylai un peth o leia fod yn gysur iddynt: y cofir am Gareth tra pery'r iaith. Un o'r llenorion mwyaf a gododd y Port erioed, meddwn. Dim ond gobeithio bod y Port o'r diwedd yn dechrau sylweddoli hynny.

Yr un pryd fe hoffwn feddwl na fyddai ganddo'r un gwrthwynebiad i mi ddal fy ngafael ar *God is for Real, Man* gan Carl Burke a'i hawlio fel fy eiddo fy hun bellach. Mae'n gyfrol fach, nid yn unig ar gyfrif ei chynnwys ond hefyd ar gyfrif y ffaith mai ef a'i dangosodd imi'n laslanc dwy ar bymtheg, yn un yr wyf heddiw, ar waetha ei chyflwr lled fregus, yn ei dirfawr drysori.

Ac fe fentra i hefyd ar y terfyn fel hyn ddatgan mai tebyg iawn yw fy mhrofiad heddiw o golli'r cyn-ddisgybl hoff i'r un a fynegwyd mewn cerdd unwaith gan William Jones, Tremadog am ymadawiad Eifion Wyn o'r un ardal, canys fe gerddaf innau hefyd

> ... lawer diwrnod
> Hyd Heol Fawr y dre
> Heb weld o'r Queen's i'r Harbwr
> 'Run wyneb ond efe.

Boddi Ballylee

Digwydd gwrando ar Robat Arwyn yn glafoerio braidd wrth gyflwyno eitem ar ei raglen gynnar ar fore Sul ddechrau Ionawr a'm cythruddodd i ryw gymaint. O bob dim roedd wedi dewis 'Hiraeth am y Glaw', un o ganeuon y diweddar Alun 'Sbardun' Huws. A minnau'n gwaredu! Hiraeth am y glaw, myn cebyst! Sôn am ddi-chwaeth, ac am amseru trychinebus. Onid oeddem wedi cael y Rhagfyr gwlypaf ers cyn cof?

Tybed, meddyliais, beth fyddai adwaith pobl Cumbria, Caer Efrog, Dumfries a Galloway a'u siort i'r fath ddewis, y trueiniaid a ddioddefasant mor enbyd oddi wrth effeithiau'r llifogydd? Ond pa raid mynd mor bell? Down yn llawer nes adref. Beth am bobl Llanrwst hwythau, ynghyd â rhai o drigolion rhannau o Ynys Môn a Chaernarfon, hyd yn oed, yn wir, rai anffodusion yn Nhremadog nad yw ond rhyw filltir dda i ffwrdd o'r union dŷ hwn? Prin, ddyliwn, y byddai yr un copa walltog ohonyn nhw yn barod i gydnabod unrhyw fath o ddyled i Desmond nac i Frank, i Efa nac i Gertrude, ac yn sicr ddim i El Niño y byddai eu melltith yn bownd ulw o fod yn drwm arno. Ac nac anghofier chwaith y Barwn Abergeldie, y bu raid iddo yntau, druan ŵr, ei sgrialu hi am ei hoedl o'i gastell ger Crathie nid nepell o Balmoral yn yr Alban pan fu ond y dim i'w gartref gael ei sgubo i ebargofiant gan y cenlli. Dim ond dyrnaid o droedfeddi sy'n ei arbed bellach rhag disgyn yn bendramwnwgl dros y dibyn i'r dwfn.

Ac fel petai hynny oll ddim digon fe gaed ar ddeall mewn gohebiaeth oddi wrth aelod o'r teulu sy'n byw yng ngorllewin Iwerddon fod castell bychan arall, Thoor Ballylee, wedi dioddef tynged nid lwyr annhebyg. Yr oedd clywed hynny yn achos gofid pellach canys dyna fangre a adwaenem yn bur dda, un y bu inni gyrchu iddi ar ein hald sawl tro. Doedd dim ond ychydig fisoedd ers pan oedd o wedi ei ailagor i'r cyhoedd yn dilyn ei atgyweirio drwy lafur cariad criw o wirfoddolwyr brwd, a dyna nhw yn ôl i'r union fan y cychwynnon nhw arno yn y lle cyntaf.

Tŵr Normanaidd yn Swydd Galway, un o nifer a godwyd yn wreiddiol gan deuluoedd De Burgo ymhell yn ôl yn y drydedd a'r bedwaredd ganrif ar ddeg, yw Thoor Ballylee. Yn llifo yn union heibio iddo mae afon Cloon, ac i'r dwyrain gwelir mynyddoedd Slieve yn llywodraethu dros y tirwedd. Dair milltir i'r gorllewin wedyn rhed y brifffordd sy'n cysylltu Galway ac Ennis, gan fynd heibio'r brif fynedfa i Barc Coole, stad enwog y teulu Gregory, cyn cyrraedd o fewn dim i Gort, prif dref farchnad yr ardal.

A dyna'r union le y penderfynodd W. B. Yeats ei fabwysiadu yn gartref iddo ef a'i deulu dros un cyfnod o'u bywyd. Er i'r fan ddod i olygu llawer mwy na hynny'n ddiweddarach hefyd. Yn wir, fe ddaeth Thoor Ballylee ymhen amser i'w ystyried yn rhyw fath o gysegrfan coffa i'r bardd. Onid yno y cyfansoddodd rai o'i gerddi enwocaf?

A dyma fel y bu. Tua diwedd haf 1896 roedd Yeats a'i gyfaill Arthur Symonds wedi penderfynu mynd ar daith gerdded i orllewin Iwerddon, a thra oeddynt yn westeion i Edward Martyn, tirfeddiannwr o Babydd a llywydd cyntaf Mudiad Sinn Fein, yng nghastell Tulira rywbryd yn ystod y daith honno, cafodd ei gyflwyno am y tro cyntaf i'r Fonesig Augusta Gregory o stad Coole gerllaw. Ac o'r cyfarfyddiad cynnar hwnnw yn 1896 ac am gyfnod maith wedyn, yn ymestyn dros bymtheng mlynedd ar hugain, fe ddatblygodd cyfeillgarwch clòs eithriadol rhwng y ddau.

O hynny ymlaen byddai Yeats yn ymwelydd cyson â chartref y Fonesig Gregory yn Coole. Yn wir, fe dreuliodd hafau anghyfrif yno yn cael ei ddandwn drwy'r pyliau o'r diymadferthedd nerfol a'r blinder meddyliol a'i llethai o bryd i'w gilydd. Cafodd yno y croeso, yr hamdden a'r tawelwch yr oedd eu hangen arno i fyfyrio ac i lunio llawer o'i gerddi a'i ddramâu. Ond cyn hir dechreuodd fagu argyhoeddiad y byddai'n eithaf peth iddo ystyried y posibilrwydd o gael rhywle yn yr ardal honno yn gartref iddo'i hun. Ac nid oedd yn syndod mai o blaid Thoor Ballylee y syrthiodd y coelbren. Fe wirionodd o'r cychwyn cyntaf ar y lle, ar y tŵr ynghyd â'r ardd sylweddol yr oedd iddi furiau o'i chwmpas, heb anghofio chwaith ddau o'r bythynnod oedd ar ei bwys a'r llwyn coed gyferbyn iddo. Roedd ei furiau gymaint â saith troedfedd o drwch, ac iddo bedwar llawr gydag ystafell eang ar bob lefel y gellid cyrraedd atynt o ddringo grisiau troellog a solet o garreg. Doedd undyn byw arall wedi mynegi rhithyn o ddiddordeb yn y lle ac fe'i prynodd yn rhad. £35 roesai amdano. Bargen os bu un erioed.

Ar ôl cael ei wrthod gymaint â phum gwaith gan Maud Gonne – hyd yn oed ar un achlysur pan ofynnodd am ei llaw mewn mangre mor hudolus ag Innisfree ar Lough Gill ger Sligo (rhodder iddo o leia fedal aur am ei ddycnwch a'i ddyfalbarhad!) – fe briododd Yeats yn y diwedd ym mis Hydref 1917 â Miss George Hyde Lees. Golygai hynny fod angen prysuro'r gwaith o gael Thoor Ballylee yn barod ar gyfer symud i fyw ynddo, ac erbyn haf 1919 yr oeddynt fel teulu wedi ymsefydlu yno, er y cymerai beth amser wedyn i'r gwaith o'i atgyweirio gael ei gwblhau. Fe ysgwyddodd ei wraig, pob parch iddi, beth o'r cyfrifoldeb hwnnw. Hi fu'n gyfrifol am beintio nenfwd un o'r ystafelloedd gwely a gwnaeth hynny mewn amrywiaeth o liwiau, o aur ac o las ac o ddu.

Fel yr awgrymwyd, yr oedd Yeats wedi ymserchu'n llwyr yn y lle. Roedd yn fan mor ddedwydd fel na ddôi neb, chwedl yntau, ar y cyfyl i darfu ar ei heddwch yno ac eithrio hwyrach ambell grwydryn neu grychydd! Câi bleser yn gwylio'r brithyll swil yn yr afon neu ambell ddyfrgi ar hyd y ceulannau. Byddai brebliach yr ieir dŵr yn ei swyno ac yr oedd yn gwbl fodlon ei fyd hyd yn oed pan oedd yn gorfod swatio y tu mewn wrth danllwyth o dân mawn pan fyddai stormydd geirwon y gaeaf yn hyrddio drosodd o'r Iwerydd.

Mewn llythyr at John Quinn bu iddo ddatgan mai pleser oes

oedd byw yn y fath le, yn arbennig pan fyddai'r ddraenen wen yn wych hyd lannau'r afon. Yn wir, bod y lle mor hardd fel y gallai symud oddi yno i fan arall olygu gadael yr holl harddwch oedd i'w gael ar y ddaear ar ôl yn Ballylee! A does dim dwywaith amdani na threuliodd rai o ddyddiau hapusaf ei fywyd yno yn gosod gwreiddiau iddo ef a'i deulu mewn llecyn mor hyfryd. Byddai'n ymroi i ysgrifennu wrth fwrdd tresl hir yr oedd ei wraig wedi ei hanner orchuddio â blodau gwylltion.

Er mai blynyddoedd digon cythryblus oedd y rhai hynny yn Iwerddon, a'r wlad wedi ei rhwygo gan y Rhyfel Cartref. A thra bod ef a'i deulu oddi cartref dros ambell gyfnod ni lwyddodd y tŵr chwaith i osgoi rhyw gymaint o ganlyniadau'r terfysg. Gadawyd olion ambell fwled ar ei furiau, drylliwyd ambell ffenest a maluriwyd ambell ddrws. Caed arwyddion hefyd bod rhywun wedi torri i mewn ac wedi bod yn cysgu mewn rhai o'r gwlâu. Ac fe chwythwyd rhan o'r bont oedd yn arwain ato i ffwrdd. I goroni'r cyfan cafodd yr adeiladwr a fu'n bennaf gyfrifol am yr atgyweirio ei saethu a'i glwyfo mewn rhyw helynt neu'i gilydd fel bod angen triniaeth ysbyty arno. Ond wedi dweud hynny, gallai pethau fod yn llawer gwaeth. Ar y cyfan, daethai'r hen le drwyddi'n bur ddihangol.

Yn 1928 fe gyhoeddwyd *Y Tŵr*, casgliad o gerddi Yeats a ysbrydolwyd gan ei arhosiad yno, ond erbyn hynny roedd ei ymwneud â'r ardal yn prysur ddod i ben. Roedd wedi ei ethol yn seneddwr yn 1922 a'r flwyddyn ddilynol cyhoeddwyd mai ef fyddai enillydd gwobr Nobel am lenyddiaeth. Ar ben hynny, roedd ei iechyd ar brydiau'n fregus a'r galwadau niferus oedd arno yn ei gwneud hi bron yn gwbl amhosibl iddo barhau â'i fywyd eidylig yn Ballylee. Fel petai hynny yn ddim digon, caed ergyd derfynol arall yn ei berthynas â'r ardal. Ym mis Mai 1932 bu farw Augusta Gregory a fu'n noddwraig mor hael iddo am gyfnod mor faith. Ac nid oes tystiolaeth iddo ymweld â'r lle yn aml, os o gwbl, wedyn.

O hynny ymlaen hefyd gadawyd y lle i nychu ac i ddirywio fel ei fod o fewn ychydig flynyddoedd wedyn yn dechrau dadfeilio. Ei lawr isaf wedi ei feddiannu yn lloches i'r gwartheg a'u tail ym mhobman, graffiti'n blastar ar ei furiau, y bythynnod ar ei bwys wedi mynd â'u pennau iddynt, blodau'r ardd wedi eu hen dagu gan chwyn uchel yn gorchuddio popeth, y brain yn crawcio'n bowld wrth hofran o'i gwmpas ac oernadau'r tylluanod yn gyrru iasau o ddychryn wedi iddi nosi.

Nid nad oedd y cyfan wedi ei rag-weld yn union gan y bardd pan luniodd o'r gerdd y mae rhai o'i llinellau heddiw yn ysgrifenedig ar un o'r muriau:

I the poet William Yeats
With old millboards and
    sea green slates
And smithy work from
    the Gort forge
Restored this tower
    for my wife George,
And may these characters
    remain
When all is ruin once again.

Eithr erbyn canol Mehefin 1965 pan fuwyd yn dathlu canmlwyddiant geni Yeats fe aed ati i'w atgyweirio. Sbardunwyd y bwriad gan aelodau Cymdeithas Kiltartan ac fe sicrhawyd cymorth hael y Bwrdd Croeso i gael y maen i'r wal. Trallwyswyd bywyd newydd i'r adeilad ac fe'i hagorwyd yn swyddogol ar yr ugeinfed o'r mis hwnnw gan Padraic Colum. Gallai ymwelwyr o hynny mlaen gyrchu yno yn eu miloedd – fel yn wir y gwnaethant am rai blynyddoedd – ac o ddringo i'r llawr uchaf fe gaent hwythau y pleser o fwynhau yr un olygfa ysblennydd. Gallent edrych draw i'r gogledd i gyfeiriad Tulira Edward Martyn neu i'r gorllewin hyd at blasty Coole, *symteim* cartref Augusta Gregory nad oedd erbyn hynny, ysywaeth, yn ddim namyn gweddillion adfail, er bod y ffawydden goprog yn dal i ledaenu ei chysgodion dros un o'r gerddi – y goeden enwog honno lle torrodd cymaint o enwau mawr y dadeni llenyddol yn Iwerddon lythrennau cyntaf eu henwau ar risgl ei mongorff.

Cofiaf i minnau fod yn un o'r pererinion hynny ar ymweliad â'r Tŵr rywbryd tua diwedd y nawdegau, er bod pethau wedi dechrau tawelu rhyw gymaint yno erbyn hynny. Dim ond ni'n dau ddigwyddai fod yno a hithau'n fore hyfryd yn niwedd Mai. Talu dyrnaid o ewros yn gyfnewid am y fraint o gael mynediad. Stryffaglio'n llafurus i fyny'r grisiau troellog hyd at y pedwerydd llawr, ond unwaith y rhoesom ein traed arno gwibiodd cudyll coch uwch ein pennau o rywle gan anelu ar ei hyll i gyfeiriad y ffenest gul a oedd yn lled agored a chan ffoi drwyddi. Roedd o wedi dechrau gwneud ei nyth rywle rhwng y distiau – er mai amau roeddem ni mai ysbryd yr hen W. B. wedi cymryd arno rith aderyn oedd yno mewn gwirionedd, ac wedi dianc ohono'n ôl i Ballylee o'i orffwysfan yn ei hirgell ym mynwent Drumcliffe.

*   *   *

Er mai dirywio'n bur gyflym wnaeth y lle yn ystod y blynyddoedd nesaf. Am ryw reswm roedd y diddordeb ynddo fel petai'n dechrau pallu. Arafodd llif yr ymwelwyr ond yn sicr nid y llifogydd achlysurol niweidiol, a phenderfynwyd cau ei ddrysau a'i adael unwaith yn rhagor ar drugaredd yr elfennau afrywiog nad ydynt un amser nac ar unrhyw gyfrif yn unman yn barod i atal eu llaw. Nes i rywun gofio fod can mlwyddiant a hanner geni'r bardd ar y trothwy a bod raid o leia gwneud rhyw fath, beth bynnag, o ymdrech drachefn i'w dacluso ar gyfer nodi'r achlysur hwnnw. A dyna paham yr aeth grŵp o wirfoddolwyr yn llawn bwriadau teilwng ati i ymhel â'r gorchwyl. A chan lwyddo'n rhannol. Llwyddwyd i ailagor ei ddrysau i'r cyhoedd unwaith yn rhagor yng ngwanwyn 2015 a bu ar agor am gyfnod o rai misoedd cyn i'r holl obeithion yn ei gylch gael eu chwalu'n chwilfriw eilwaith a'u sgubo i ffwrdd yn rhyferthwy dilyw diwedd Rhagfyr.

A heno pwy ŵyr eu hynt? Rhyfedd o dynged a roddwyd i

Thoor Ballylee. Dyn a ŵyr beth sy'n ei aros bellach? Onid hwyrach ei bod yn ormod disgwyl i rywun fynd ati eto fyth i geisio'i ymgeleddu?

Hiraeth am y glaw? Dim peryg yn y byd!

Pa fodd mae tyfu'n ddyn?

Ailgydio ynddo oddi ar un o'm silffoedd wnes i'n ddiweddar. Cofiwn imi lunio pwt o sgwrs amdano un pymtheng mlynedd ar hugain yn ôl, ond gan ei roi o'r neilltu a llwyr anghofio am ei fodolaeth wedyn tan y bore arbennig hwnnw.

Eithr yr hyn a lithrodd o'i blygion wrth imi ei fyseddu eilwaith a enynnodd fy niddordeb o'r newydd ynddo, sef darn o ddalen sengl wedi ei rhwygo, gallwn dybio, o ryw fath o bamffledyn a fu unwaith, o bosib, yn cynnwys adroddiad gan Bwyllgor Addysg yr hen Sir Gaernarfon gynt am ganlyniadau'r arholiad a gynhaliwyd yn 1915 ar gyfer mynediad i ysgolion sir yr Awdurdod.

Rhestr llwyddiannau ysgolion cylch Llanberis oedd arni'n benodol, y rhai oedd â'u bryd ar gael mynd i Ysgol Brynrefail. Trigain namyn un wedi sefyll yr arholiad, deg ar hugain wedi llwyddo. Ysgolor o'r enw David Davies, Penisa'r-waun oedd ar frig y rhestr wedi sgorio ohono 252 o farciau allan o drichant posib am waith llafar ac ysgrifenedig. Enw'n unig imi. Tybed beth ddaeth o'r David Davies hwnnw o Benisa'r-waun mewn blynyddoedd i ddod?

Yn wythfed ar y rhestr gyda 219 o farciau yr oedd ryw Tommy Hughes o Ysgol Dolbadarn. Ac un o lyfrau darllen ysgol y dywededig Tommy Hughes hwnnw oedd yr un yr oeddwn i newydd ailgydio ynddo oddi ar un o'm silffoedd yr union fore hwnnw. Onid oedd ei lofnod a'i gyfeiriad mewn llawysgrifen hogynnaidd wedi ei dorri'n dragwyddol annileadwy ar y ddalen rwymo, sef T. R. Hughes, Angorfa, Well Street, Llanberis.

Nid yn annisgwyl, llyfr Saesneg ydoedd, un yn perthyn i'r gyfres *The Young England Library* yn dwyn y teitl *The Road to Manhood* gan W. Beach Thomas, gyda'r lluniau ynddo'n waith

Morris Williams mewn cydweithrediad â chreadur ag iddo enw braidd yn anffodus, sef Mr A. Twidle! Llyfr anfuddiol gythgiam i hogyn o Gymro, mi fuaswn i'n tybio, yn arbennig felly i'r hogyn hwnnw.

Dyma frawddeg agoriadol Mr Beach Thomas – a chystal dyfynnu ei ddatganiad oraclaidd yn yr iaith wreiddiol: '*There is only one object in going to school to turn yourself out a good citizen, and a good citizen is a man who is of use to his country as well as to himself.*' A thydw i'n amau dim na ddywedwn innau hefyd, chwarae teg, Amen i hynny. Ond mae Mistar Thomas yn mynd rhagddo i ddadlau mai'r dinasyddion gorau o ddigon yw'r dinasyddion sydd iach o gorff, ac fe dreulir y deucan dalen sy'n weddill o'i druth i geisio profi mai trwy chwarae '*the most English of games*' sef hoci, rygbi, criced ac ati, y mae datblygu'n ddinasyddion cyfrifol gwir werth chweil. Wedi'r cwbl, dadleuir ymhellach, onid enillwyd brwydrau Ingland ar feysydd chwarae Eton a chysegrfannau o'u bath. Ac onid dinasyddion nobl o'r union galibr oedd yr arweinwyr hynny fu'n gyfrifol am ledaenu ymerodraeth nad oedd fachlud fyth i fod arni.

Nid y byddai rhywun fel George Orwell wedi cytuno ag ef, chwaith. Onid oedd ef yn 1945, wrth edrych yn ôl mewn dicter ar ei gyfnod yn Eton a'r cas a roddasai bryd hynny ar yr orfodaeth a fu arno i gymryd rhan mewn chwaraeon, wedi datgan barn ddiflewyn-ar-dafod nad oedd unrhyw gêm y gwyddai ef amdani yn ddim namyn math o ryfel heb y saethu! A choelia i fyth nad oedd o'n lled agos i'r marc. Onid termau milwrol a sôn am ysbryd rhyfelgar geir yn amlach na pheidio ym mhenawdau'r Wasg yn hyn o fyd wrth gyflwyno adroddiadau am gemau rhyngwladol. A gohebwyr gemau criced, mae'n ddrwg gennyf ddweud, yn fwy euog o'r camwedd nag odid neb. Sonnir yn aml, er enghraifft, am y 'brwydrau ffyrnig' yn erbyn yr 'hen elyn', Awstralia. Defnyddir y term *battle of attrition* wrth drafod gêm go galed wedyn, yn wir *trench warfare* ar adegau, a phan enillodd Lloegr y Prawf Olaf mor rhwydd ddiwedd Awst un tro, cyfeiriwyd at y *Massacre at the Kia Oval*.

Ymddengys nad oedd Agincourt na Rorke's Drift ddim ynddi o gwbl! A synnwn i damaid chwaith na chlywn yn fuan y bydd Joe Root, capten tîm Lloegr, wedi ei anfon ar gwrs blwyddyn i Sandhurst i wneud cadfridog gwell ohono. Ond rwy'n ofni 'mod i'n crwydro ...

Cofiaf, pan fu imi gael gafael ar gyfrol Beach Thomas am y tro cyntaf, imi ddigwydd ei dangos i'm cymydog, y diweddar Emlyn Jones, un arall o hen hogiau Llanberis: 'Diar annw'l, un o hen lyfrau Twm,' gwaredodd, a'i wyneb yn goleuo, 'lle ar y ddaear fawr cawsoch chi afael ar hwn?' A chan fynd ar gefn ei geffyl yn syth: 'Doeddan ni'n dau oddeutu'r un oedran, neno'r Tad, ac wedi byw yn yr un stryd am flynyddoedd, sef Well Street, er mai Stryd y Ffynnon ydi'r enw crand arni heddiw, yntê? Wyddoch chi'n bod ni wedi bod yn hir drybeilig cyn y daethom hyd yn oed i wybod beth oedd ystyr y "Well" hwnnw yn Well Street. Dwi'n cofio gofyn i hen wraig fy nain beth yn union oedd y gair yn ei olygu, "Wn i ar y ddaear, hogyn," ddeudodd hi, "onid ydi o yr un gair â'r *Well* yna yn *Well done* 'sti, ond dim ond y Brenin Mawr 'i hun ŵyr beth ydi 'i ystyr o mae arna 'i ofn."' Ac Emlyn Jones yn ychwanegu, 'Cymdeithas drwyadl Gymreig fel yna oeddan ni 'radeg honno, rydach chi'n dallt,' cyn i fwy o atgofion amdano ef a'i gyfaill Twm lifo'n rhwydd.

Digwyddai'r ddau hogyn rheini fod yn ddisgyblion yn Ysgol Gynradd Dolbadarn oddeutu'r un adeg â'i gilydd pan apwyntiwyd 'hogan ddel ofnatsan,' chwedl yr hen gymydog, yno'n athrawes. 'O Rhosgadfan y dôi Miss Cêt Robaitsh, w'chi, ac roedd hi'n dipyn o hen ben hefyd, yn BA, oedd yn frid prin iawn, iawn 'radeg honno, dalltwch chi.' Gan fy ngadael innau i ystyried y drefn ryfeddol oedd wedi dod â brenhines y stori fer ac un o'n prif nofelwyr, dau o lenorion mawr cenedl fach, at ei gilydd dan yr un to, yn yr un ysgol, ar yr un cyfnod, dim ond bod y naill yn athrawes a'r llall mewn trowsus cwta wrth ei ddesg yn ddisgybl iddi.

Ambell waith byddai'r ddau gyfaill yn cydgerdded i'r Ysgol

Uwchradd. Ei gadael hi'n ben set yn amlach na pheidio, ond eto'n ei chymryd hi'n ddigon hamddenol i gychwyn a chyn belled â Thŷ'r Doctor ar gyrion y pentref. Yna newid gêr wrth roi cynllun Tom Rowland Hughes ar waith – rhedeg nerth eu traed at y polyn teligraff cyntaf, cerdded yn araf, araf at y nesaf, rhedeg yn wyllt wallgo at y pedwerydd ac felly bob yn ail cyn cyrraedd Pen Llyn. Cael a chael fyddai hi wedyn, ac yn gwbl ddi-hid o ogoniant y golygfeydd oedd o'u cwmpas fe fyddai raid sbrintio'r pedwar can llath olaf er mwyn cyrraedd â'u gwynt yn eu dyrnau cyn i'r gloch ganu.

Ac y mae geiriau ei gyfaill Emlyn Jones wrth gyflwyno'r gyfrol yn ôl imi'n ddirmygus reit yn dal i aros yn fy nghof: 'Ylwch, cadwch o, nid o ddarllan ryw hen sothach fel yna y darganfu Twm Rowland Hughes y Rôd Tw Manhwd, yn siŵr i chi, er iddo ddifetha sawl pâr o sgidia wrth gicio pêl ar gae chwarae Brynrefail 'stalwm hefyd.'

Ac fe fu i'r sgwrs a fu rhyngof a'r hen gymydog annwyl hwnnw, ac yntau'r adeg honno dros ei bedwarugain, yn ddigon i'm hargyhoeddi innau hefyd na chafodd Tom Rowland Hughes ddim llawer o fudd o gyfrol W. Beach Thomas. Eto i gyd rydw i'n eitha tawel fy meddwl y byddai Mr Thomas yntau wedi ei orfodi i gydnabod bod yna ffyrdd eraill a gwahanol o gyrraedd y nod ac o dyfu'n ddyn, ac y byddai'n eitha bodlon ar y dulliau a gymerodd yr hogyn o Lanberis hefyd, yn arbennig felly y modd y datblygodd yn ddinesydd cyfrifol ynghyd â'r hyn a gyflawnwyd ganddo yn ystod y blynyddoedd pan ddaeth yn ŵr ac y rhoes heibio ei bethau bachgennaidd. Oni fu raid iddo oresgyn anfanteision corfforol difrifol ac anawsterau dybryd i gyflawni'r hyn a wnaeth er cael ei gydnabod fel y dewraf o'n hawduron, un y bydd iddo le parhaol yn hanes ein llenyddiaeth. Un hefyd y gwelwyd yn dda gan Gwmni ein Theatr Genedlaethol gyflwyno addasiad llwyfan o un o'i nofelau enwocaf ar achlysur agoriad Theatr Bryn Terfel sy'n rhan o ganolfan Pontio ym Mangor yn ystod Medi 2014.

A chystal fyddai taflu rhai o'i eiriau ef ei hun yn ôl ato ar y terfyn fel hyn – 'Tydi a roddaist' T. Rowland Hughes. A chadwer ninnau felly rhag colli dim o'r hud a ddaw heddiw o ddal i ddarllen ei weithiau.

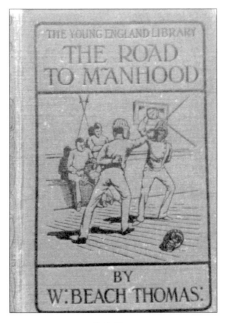

Llyfr Twm

Un o dripiau'r haf

Mantais o fod (wel, ar un cyfnod beth bynnag!) yn athro ysgol oedd bod i ddyn ddisgyblion, a'r rheini – o draethu'r hyn sy'n gwbl amlwg – yng nghyflawnder yr amser yn troi yn gyn-ddisgyblion. Ac os yw dyn yn ffodus wedyn, fe all ambell rai o blith y cyn-ddisgyblion hynny gadw mewn cysylltiad wedi iddynt hen adael i ddilyn gyrfa. Un o'r cyfryw rai yn fy achos i fu'r twrnai rhadlon Bryn Williams, gŵr diwylliedig a gwybodus yn y Port acw sydd wedi cymryd yn ei ben – a bendith dragwyddol arno am hynny – i fynd â'i hen gyn-athro ar ambell daith o bryd i'w gilydd i fannau o ddiddordeb diwylliannol neu hanesyddol ar hyd ac ar led yr hen wlad 'ma. Ac un o dripiau'r haf yn ei gwmni yn 2016 yw mater hyn o druth.

Teithiau dirgel fyddan nhw yn ddieithriad i gychwyn, gan na pherthyn imi wybod dim namyn yr amseroedd a'r prydiau, fel petai. Fy ngwraig i baratoi basgedaid bicnic ar ein cyfer ill dau, yntau'n ymrwymo i ganu corn ei gerbyd y tu allan i ddrws y tŷ acw yn brydlon ar y diwrnod penodedig.

A dyna'i chychwyn hi ar fore digon llwydaidd o Fehefin, un nad oedd y proffwydi tywydd wedi bod yn rhy obeithiol yn ei gylch, er iddi ddal yn rhyfeddol am y rhan helaetha'r dydd, o drugaredd.

O fewn hanner awr go dda roedden ni ar gyrion Y Bala – Genefa Cymru fel y'i bedyddiwyd gan rai – ar gyfri o bosib ei lleoliad ger y llyn, eithr yn arbennig ei chysylltiad agos â thwf Methodistiaeth Calfinaidd yn yr henwlad. Ond, och a gwae, nid oedd yr un sôn am fawrion gorffennol y mudiad y bore hwnnw. Roedd yr hen dref wedi cael enw newydd. Nid Y Bala oedd hi bellach eithr 'Y Bale' a hynny, os deallais yn gywir, fel rhyw fath o deyrnged i ryw giciwr pêl a oedd yn cael ei ddwyfoli gan y brodorion ar gyfri ei gampau honedig mewn rhyw bencampwriaeth rywle yn Ewrop – a thra bod yr anghofiedig Thomas Charles a Lewis Edwards, mae'n ddiamau, yn rhoi tro go nerthol yn eu beddau bob un!

Dringo drwy Ros y Gwaliau ac ymlaen dros anialdir anghyfannedd y Berwyn nes cyrraedd Dyffryn Tanat ac wrth fynd drwy Ben-y-bont-fawr dyna gofio am Nansi yr oeddid onid rai dyddiau ynghynt yng Nghricieth wedi gweld portread Angharad Price ohoni yn cael ei gyflwyno gan rai o aelodau Cwmni'r Theatr Genedlaethol.

Llansilin, fel y cofiem, oedd bro Charles Edwards, awdur *Y Ffydd Ddiffuant*, un o glasuron rhyddiaith Gymraeg, ond lle hynod iach i fyw ynddo ar ben hynny os gwir y sôn. Oni thystiai pamffledyn a gyhoeddwyd yn Llundain oddeutu 1677 fod gwraig o ardal Llansilin wedi byw unwaith yno nes bod yn 130 mlwydd oed! Ond doeddem ni ddim am oedi rhyw lawer oblegid am Sycharth, nad oedd ond braidd ddwy filltir i ffwrdd, yr anelem ni y bore hwnnw.

Nid bod y ffyrdd culion, trwm dan haf, y gyrrem ar hyd-ddynt yn rhai hawdd i'w tramwyo – yn arbennig pe deuai anghenfil o dractor John Deere yn llusgo llwyth o fyrnau i'ch cyfarfod. Er, y mae'n ddiamau fod gan Owain Glyndŵr reswm da pam y dewisodd le mor led anghysbell i sefydlu un o'i brif lysoedd hefyd. A ph'run bynnag, digon prin mewn oes fwy hamddenol (hamddenol ar un ystyr, o leia) ei fod ef yn berchen cerbydau o faintioli Range Rover neu 4x4 o unrhyw fath i anhwyluso pethau iddo. Er mai cyrraedd yno wnaethon ni yn y diwedd. Onid dyna'r fan ple y bu unwaith 'llys barwn, lle syberwyd' a 'thai pren glân mewn top bryn glas', a hwnnw'n sefyll ar bedwar piler a oedd yn dyrchafu Llys Glyndŵr 'i nef yn nes'.

Cyrchfan hefyd a oedd yn ddihareb am ei groeso i'r beirdd canys yn ôl Iolo Goch eto;

Anfynych iawn fu yno
Weled na chlicied na chlo ...
Na gwall na newyn, na gwarth
Na syched fyth yn Sycharth.

Ond ym mis Mai 1403 fe losgwyd Sycharth i'r llawr gan elynion
Seisnig Owain, a bellach nid edwyn ei le fawr ddim ohono ef
mwy. Mwy nag yr edwyn y felin ddŵr ei lle yno chwaith. Na'r
colomendy a'i feindwr, na'r pysgodlyn. A doedd dim yno i dorri
ar y distawrwydd chwaith, dim namyn bref ambell un o'r
buchod a oedd yn meddiannu'r parc lle gynt y porai'r ceirw. A'r
unig fodd y gallem ninnau'n dau fynd ati y diwrnod hwnnw i
ddiwallu ein syched yn Sycharth oedd drwy ei gwneud hi'n eitha
penisel, wrth ddwyn i gof y gogoniannau a gollwyd, am y maes
parcio i ymestyn am y fflasgiau te o gist y car!

'Fe fyddwn ni'n croesi'r ffin yn y man,' awgrymodd fy
nghyd-deithiwr wrth inni adael Sycharth, 'ac fe'i gwnawn hi i
gyfeiriad Croesoswallt, ac i Selatyn yn benodol felly,' a chan
ychwanegu'n lled siort, 'does dim angen atgoffa Monwysyn
brwd fel chi, debyg, am gysylltiadau un o wŷr mawr Môn â'r fan
honno.'

Ond roeddwn i yn y niwl yn lân. O'r braidd y clywswn
erioed am Selatyn, llai fyth am gysylltiad rhywun o Fôn â'r lle.
'Dowch, dowch ...' pryfociodd drachefn, 'dyma gliw ichi ...
rhywun o ogledd-ddwyrain yr Ynys.' A dyna ddechrau dyfalu
cyn i bethau yn raddol wawrio ar ddyn. Tybed ai cyfeirio yr
ydoedd at un o hogia bro'r *Arwydd*, un o feibion y Dafarn
Goch gynt, a chyn-ddisgybl (dros dro, beth bynnag) o ysgol
Llanallgo.

Wrth fynd drwy'r fynwent ar ein ffordd i'r eglwys bu imi
sylwi ar garreg goffa teulu Ormsby Gore, Brogyntyn, hynafiaid
y diweddar Arglwydd Harlech, er mai pwysicach yn fy ngolwg
oedd dwyn i gof helyntion Goronwy Ddu druan a fu'n gurad
yno am gyfnod mor fyr yn 1746.

Tua dechrau'r gwanwyn y flwyddyn honno cawsai Goronwy

guradiaeth Llanfair Mathafarn Eitha yn ei fro enedigol, ond buan yr aethai pethau'n flêr yno ac ymhen tair wythnos yr oedd wedi ei cholli a'i gael ei hun ar y clwt. Fel canlyniad, yn ddim ond tair ar hugain oed, bu raid iddo gefnu ar Fôn ac nid oes tystiolaeth iddo ddychwelyd yno byth wedyn chwaith. Ond erbyn diwedd y flwyddyn yr oedd wedi cael hanes curadiaeth arall, un yn ymyl Croesoswallt, ac i Selatyn yn Sir Amwythig y cyrchodd a'i alltudiaeth o'i henfro erbyn hynny'n gyflawn. Mae'r holl fanylion i'w cael yng nghyfrol ardderchog Alan Llwyd, *Goronwy Ddiafael, Goronwy Ddu*.

Yng Nghroesoswallt y cyfarfu ag Elinor Hughes. Roedd Elin yn aelod o deulu gweddol gefnog a breintiedig yn yr ardal ac fe briododd y ddau yn eglwys Selatyn ar Awst 21, 1747. Er mai'r gwir yw nad ei sefydlogi a wnaeth ei briodas ond peri iddo fynd yn llwyr ar chwâl. I ddechrau cychwyn, doedd dim da rhyngddo a'i fam yng nghyfraith. Yn ychwanegol at hynny fe syrthiodd i ddyledion difrifol, yn rhannol am ei fod, hwyrach, wedi ceisio sicrhau i'w wraig yr un breintiau a'r moethusrwydd yr oedd hi wedi arfer eu mwynhau yn ferch sengl. A doedd neb ar gael i estyn bys i'w helpu chwaith. Ar gyfrif ei drafferthion cafodd enw drwg ymhlith trigolion Croesoswallt. Cynyddodd ei ddyledion i dros ddeugain punt – a oedd yn swm enfawr o gofio ei bod bron ddwbl cyflog blynyddol offeiriad bryd hynny. Fe'i harestiwyd ac fe'i bwriwyd am gyfnod byr i garchar. Roedd wedi dwyn anfri nid yn unig arno'i hun ond hefyd ar ei holl deulu. A'r diwedd fu, yn dilyn y fath warth, oedd iddo o fewn ychydig wythnosau wedyn orfod gadael Croesoswallt a hynny mewn dirfawr gywilydd.

Profiad rhyfedd wrth sefyll o flaen yr allor yn eglwys Selatyn y diwrnod hwnnw oedd meddwl amdano, gan ddychmygu ei weld yn cerdded allan i'r heulwen a'r ferch ifanc yr oedd newydd ei phriodi yn cydio'n dynn yn ei fraich. Petai papur bro *Yr Arwydd* mewn cylchrediad bryd hynny, meddyliais, tybed a fyddai llun o'r ddau, Elin a Goronwy, wedi ymddangos ar ddalen flaen y papur y mis wedyn? Er mai prin ddyliwn y byddai'r un golygydd wedi mentro cyfeirio at helyntion ariannol na misdimanars eraill mab y Dafarn Goch chwaith – o ran parch â'i deulu onid dim arall.

* * *

I mewn ac allan o'r ffin y buom am ychydig wedi cinio. Wrth fynd drwy Landrinio a heibio'r eglwys a saif ar ymyl y ffordd cofiem i Guto'r Glyn lunio cywydd mawl i un a fu yn Berson yno unwaith, sef Sion Mechain;

> Oes neb cyweithas o'n iaith?
> Oes hael ym Mhowys eilwaith?

meddwyd amdano cyn i'r cywydd fynd rhagddo i restru mwy o rinweddau'r Person;

> Ni bu neb (Hir y bo'n iach!)
> Ym mro Drunio dirionach,
> Ar fardd y chwardd a cherddawr
> Ar y medd y rhôi aur mawr;
> Ni bu 'Mhowys eglwyswr
> Yn llenwi'r gwin well na'r gŵr ...

Nid un o golofnau'r Mudiad Dirwest mo Sion Mechain felly, er bod T. I. Ellis yn ei gyfrol *Crwydro Maldwyn* yn amau'n gry a oes yna Gymraeg o gwbl yn cael ei siarad yn Llandrinio mwyach.

Nid nepell o Landrinio ond dros y ffin yn Lloegr yr oedd Melverley. 'Fe hoffwn i chi weld yr eglwys yno hefyd,' meddwyd wrthyf. A doeth oedd cyngor fy arweinydd oblegid yn clwydo yn rhyfygus uwchlaw'r afon y mae'r unig eglwys o bren yn yr holl deyrnas. Dyna'n sicr ei hynodrwydd a ninnau'n dotio ati, er bod achos i fod â chryn gonsyrn ynghylch ei thynged hefyd. A hithau'n gyfnod o newid dyrys yn yr hinsawdd onid oes beryg iddi gwympo i'r afon ryw ryfedd ddydd?

Oni chlywsom am ddigwyddiadau o'r fath yn sgil y llifogydd a gawsom yn ystod rhai o'r gaeafau diweddar? Ac fe fyddai hynny'n drueni ac yn golled.

*   *   *

Yn ôl yng Nghymru, er nad ond rhyw filltir o'r ffin, yn sefyll ar godiad tir uwchlaw dyffryn Hafren, yr oedd tref fach gysglyd Trefaldwyn. Parcio ar y sgwâr yno heb weld yr un adyn yn unman. Doedd dim amser i fynd i weld olion y castell ond yr oedd yno eglwys arall eto fyth, eglwys Sant Nicolas, y troesom i mewn iddi: adeilad sy'n perthyn mewn rhannau i ganol y bedwaredd ganrif ar ddeg. Y mae iddi sgrin dra nodedig ynghyd â gwaith cerfio cywrain ar rai o'i seddau, er mai rhywbeth y tu allan yn y fynwent a hawliodd ein sylw pennaf oblegid yn y cwr pellaf iddi, i'r gogledd o'r tŵr, gwelid arwyddbost '*To the robber's grave*'.

Un John Newton Davies oedd y lleidr honedig, gŵr a ddedfrydwyd i farwolaeth yn 1821 ond a blediodd yn huawdl gydol yr achos yn ei erbyn ei fod yn gyfan gwbl ddieuog o'r trosedd o ladrad y cyhuddid ef ohono. Er mai'n euog y'i cafwyd, eithr cyn iddo wynebu'r crocbren fe broffwydodd na thyfai'r un glaswelltyn ar ei fedd am gan mlynedd wedyn. Fe fyddai hynny, dadleuai, yn brawf pendant iddo gael ei ddedfrydu ar gam.

A dyna, yn ôl yr hanes, a ddigwyddodd, ac ni thyfodd yr un glaswelltyn ar ei fedd chwaith. Ond erbyn inni gyrraedd yno y diwrnod hwnnw roedd y glaswellt yn drwch ym mhobman! Er ei bod yn deg nodi mai can mlynedd o ddiffrwythder o'r amser y câi ei grogi a broffwydodd y cyhuddedig, ac yr oedd y cyfnod hwnnw o gan mlynedd wedi hen ddod i ben – wel, o leia ers 1821 beth bynnag, a chyn i ni fynd yn agos i'r lle!

Roedd hi'n hwyr brynhawn erbyn hynny ac yn bryd inni feddwl am droi tua thre'. Caed paned cyn cychwyn mewn arhosfan ar lan Llyn Fyrnwy pan wnaed cyfiawnder terfynol yr un pryd â'r ychydig frechdanau oedd yn weddill yn y fasged bicnic. Ei chyfeirio hi wedyn am Lanfyllin, ac yna mewn glaw eitha trwm oedd o'r diwedd wedi ein goddiweddyd, ei gyrru hi dros y Berwyn eilwaith. Doeddem ni ddim yn disgwyl y byddai llawer o newid wedi digwydd yno o fewn ychydig oriau fel nad oedd yn syndod o gwbl mai 'Y Bale' oedd Y Bala o hyd! A Thomas Charles a Lewis Edwards, mae'n bur debyg, wedi rhoi tro arall yn eu beddau.

Yn hapus luddedig roeddwn yn ôl yn y tŷ cyn chwarter i saith ac yn mawrhau fy mraint unwaith yn rhagor o fod wedi cael arweiniad mor sicr gan gyn-ddisgybl mor wybodus ar daith mor ddiddorol.

Ond, â niwloedd tragwyddol Tachwedd yn cyniwair heddiw o gwmpas Moel y Gest, melys odiaeth i mi wrth biltran uwchben hyn o druth, yn arbennig felly o gofio fod gaeaf caled arall ar y trothwy, fu ceisio ail-fyw un o dripiau difyr yr haf – haf a aeth heibio ac a ddarfu yn llwyr amdano bellach, gwaetha'r modd.

Trosglwyddo organ ar farwolaeth

Dechrau'r wythnos gyntaf ym mis Hydref oedd hi a Rhian Haf ar Radio Cymru – boed bendith dragwyddol ar ei phen annwyl hi am hynny – wedi darogan tywydd braf o haul digwmwl inni am ddeuddydd. A doedd hynny'n sicr ddim yn digwydd yn aml!

'Rhaid inni fanteisio ar hyn,' penderfynais, gan roi'r awgrym gerbron amser brecwast, 'lle rwyt ti ffansi mynd?'

'Mi wn i lle'r hoffet ti fynd, cono ...' oedd yr ateb eitha piwis a gefais i, 'dros y Bont 'na reit siŵr.'

Ac roedd hi'n llygad ei lle, wrth reswm. A dyna'i chychwyn hi'n brydlon i ymofyn eto fyth am yr hen lwybrau. Y ffics arferol: Trearddur, Ynys Lawd, Porth Swtan, yna'i gwneud hi dros fynydd y Garn i Lanfair-yng-Nghornwy, pic sydyn wedyn i Gemlyn a thrwy Gemaes, cyn ei gwneud hi'n dalog am y ddinas nid anenwog honno yr wyf bob amser mor barod i ymffrostio 'mod i'n frodor ohoni! Er ei bod yn wir datgan am 'y lle bûm yn gware gynt' bod bellach ddynion yno.

> ... na'm hadwaenynt
> Cyfaill neu ddau a'm cofiant
> Braidd ddau, lle bu gynnau gant.

Dim ond ysbrydion a thrychiolaethau sy'n llenwi'r hen le wrth imi gyrchu yno ran amlaf. Ac onid oedd Robin 'Rengan Las wedi taro'r hoelen ar ei phen pan haerodd o unwaith fod 'y rhan orau o'r hen ardal 'ma yn y fynwant 'na erbyn hyn.'

I fyny allt Cefn Roger, heibio Gwynfryn a Garej Lewis, troi i'r dde wrth Lys y Gwynt a'i gwneud hi hyd lôn isa. Sylwi bod hyd yn oed y fynwent newydd hithau wedi dechrau twchu yno erbyn hynny. Oedd, yr oedd yr Engan Las wedi traethu'r cyfiawn wir. Estroniaid sydd yn teyrnasu yno bellach, a 'phlant Alis' wedi llwyr feddiannu'r lle.

Ar ben allt Tŷ Lawr, hen gartre fy Nhaid a'm Nain, troi eto i'r dde a heibio Siop Fawr, siop Rolant Jôs – a'r Llythyrdy hefyd yn fy nghyfnod i – ond sydd wedi hen gau ei ddrysau ers tro byd a'i droi yn dŷ annedd erbyn hyn a'i fedyddio o'r newydd yn 'The Old Post Office'.

Er mai da oedd canfod bod Bethlehem yno o hyd ac wedi aros yn gadarn a digyfnewid i herio'r cyfan. O leia dyna fel y tybiwn. Dôi'r pangfeydd cydwybod arferol i'm poeni o gofio i mi dorri cwarel un o'i ffenestri'n siwrwd wrth chwarae top efo Robin Gwelfor un tro. Sôn am sgandal fu honno! Eithr dyna sylwi bod rhyw fath o arwydd wedi ei sodro ar y giât haearn oedd yn agor i'w gowrt. Beth oedd hwnnw, tybed? A dyna glosio'n nes i gael gweld.

Brenin trugaredd! Dim peryg yn y byd! Teimlwn 'mod i'n fferru drwyddof. Doedd o ddim yn bosibl! Allwn i ddim credu'r peth. Ond ar fy ngwir, arwydd *FOR SALE* oedd hwnnw. 'Rargoledig! Bethlehem ar werth. Cwmni Morgan Evans wedi ymrwymo i'w roi ar y farchnad agored. Barlyswyd ennyd!

Y Bethlehem ble bu John Elias, neb llai, yn gweinidogaethu unwaith. Onid un o gadeiriau'r Pab o Fôn yw, neu oedd, un o'i greiriau enwocaf? A'r Bethlehem ble bu'r parchedigion R. J. Jones, Teifigar Davies, Fred Hughes, Emlyn Richards, dim ond i enwi dyrnaid, yn gweinyddu i gyfreidiau'r saint yno mewn cyfnodau diweddarach. A'r cysegr ble bu blaenoriaid o galibr Gruffydd Huws, Cae Rhun, O. T. Llanol, Richard Jones Garn View a Bob Jôs Heulfre yn tynnu ar raffau'r addewidion mewn seiat a chwrdd gweddi. Heb anghofio chwaith Owans y Sgŵl a fyddai'n gyson ddi-feth wrth iddo, ar derfyn pob gweddi o'i eiddo gerbron gorsedd gras, daer erfyn ar i'r Hollalluog;

... gofio'r Arab
A gwsg dan y lloer,
Ei wisg ef mor denau
A'th wynt di mor oer.

Roedd hynny wrth gwrs cyn bod sôn am ISIS a'r Cynghreiriaid Islamaidd.

A'r Bethlehem a roes gymaint i minnau, a geisiodd beth bynnag fy nhrwytho yn y pethau gorau, a roes i mi safonau y gallwn o leia anelu atynt yn ddiweddarach (er i mi sythio'n fyr droeon hefyd) ac a roes i mi, yn ogystal, iaith. Maddeued Islwyn Ffowc Elis am imi geisio ei adleisio, ond o bob Bethlehem sy'n sefyll yn llwyd ei furiau yn hafnau Cymru nid oedd ond un Bethlehem i minnau ... a'r Bethlehem hwnnw oedd fy nhystysgrif y gallwn fynd â hi i'm canlyn am fod i mi, pa mor gymhleth bynnag wyf heddiw ac anodd fy nhrin, garu 'Ngwaredwr yn annwyl pan oeddwn i'n ddim o beth rhwng ei furiau ef.

'Ba sentimentaleiddiwch?' Clywaf ambell hen sinig yn protestio'n groch. Os daeth oes yr hen gapel i ben, yna pa ddiben sydd mewn colli dagrau ar gownt rhywbeth nad yw'n ddim mewn gwirionedd namyn brics a mortar. Onid gwell, yn hytrach na'i weld yn mynd â'i ben iddo, fyddai i ryw ŵr busnes blonegog o Burnley, dyweder, ei gweld hi a'i brynu, fo, ynghyd â'r tŷ capel, y sgoldy, y stablau, y job lot, a'u troi yn fflatiau gwyliau moethus ac o'r safon uchaf bosib? Entrepreneuriaeth – hwnna ydi o. Mae'r peth yn gwneud eitha synnwyr. Dyna'r ddadl. A doedd gen inna chwaith, druan ŵr, 'run ateb wrth droi am gartre yn ddigon athrist.

Fel yr oedd pethau'n digwydd bod y bore canlynol roedd fy ngwraig yn Tesco, a dyna hi'n digwydd taro ar Selwyn a Rowena Griffiths, mynychwyr i Salem, achos yr Annibynwyr yn y Port 'ma.

'Roedden nhw angen organ i'r festri yn Salem,' meddai un ohonynt, 'ac fe lwyddwyd i gael un hefyd. Choeliwch chi ddim, hwyrach, ond hen un Capel Garreg-lefn yn Sir Fôn o bob man ydi hi – am fod hwnnw'n cau ... cofiwch ddweud wrth Wil, g'newch!'

Wel, yn y wir! Sôn am gyd-ddigwyddiad. A hwnnw'n un hapus ar ben hynny. Onid oes llawer o sôn ac o drafod wedi bod yn hyn o fyd – os goddefer ymdrech garbwl i chwarae ar air mwys – am ewyllysio gadael 'organau' wedi i rywun neu rywbeth farw fel y gallai rhywun neu rywbeth arall elwa o'u cael i fyw. A dyna'n union oedd wedi digwydd yn yr achos hwn. Hen gapel bach yng ngogledd Ynys Môn wrth gau ei ddrysau a marw yn rhoi gobaith parhad bywyd, o leia mewn un cyfeiriad penodol, ac am ryw hyd eto, i un arall hanner can milltir i ffwrdd yn Eifionydd. Rhyfedd o fyd!

Oeddwn yn sicr, roeddwn i wedi sirioli peth hylltod o glywed newydd mor galonogol, wedi fflonsio drwyddof unwaith yn rhagor.

Llawenydd dirfawr yr un pryd oedd sylweddoli y clywir nodau hyfryd 'Aberystwyth', 'Llanfair', 'Crug y bar', 'Ellers', 'Blaenwern' a'u tebyg yn seinio o grombil yr organ fach unwaith yn rhagor, dim ond i mi glustfeinio wrth fynd heibio Salem ar Stryd Fawr y Port acw ar ambell fore Sul o hyn ymlaen.

Wy Pasg ar gyfer y Dolig

Cwyn gyffredin yn hyn o fyd yw bod ein paratoadau ar gyfer dathlu'r Nadolig yn cychwyn yn gynt ac yn gynt o flwyddyn i flwyddyn. Onid yw'r cardiau ar werth yn y siopa hyd yn oed cyn i fis Gorffennaf lwyr dynnu ei draed dano? Erbyn canol Medi wedyn fe fydd tripiau Twrci a Thinsel yn eu hanterth, pan welir pobl yn eu hoed a'u hamser, rhai yn wir a ddylent wybod yn amgenach, yn cyrchu'n dyrfaoedd llawen mewn siarabangau i ryw westy glan môr rywle neu'i gilydd i wledda'n fras o dan hetiau papur amryliw ac i storgadjio pwdinau plwm, siocledi a mins peis i gyfeiliant ryw gôr meibion rywle yn y cefndir yn canu 'Dawel Nos' ac 'O Deuwch Ffyddloniaid' neu ar y bytholwyrdd Bing Crosby yn slyrio ei 'Nadolig Gwyn'. Y cyfan, dealler, o leia dri mis cyn i'r ŵyl bropor ddod ar ein gwarthaf, a thra bo eraill mwy bydol ddoeth, neu o bosib fwy hunangyfiawn, o'n plith yn barod iawn i edliw iddynt eu ffolineb drwy waredu: 'Be haru pobol, deudwch? Dydi pethau wedi llwyr fynd i'w crogi yn yr hen fyd 'ma bellach?'

Yn bersonol rydw i'n gorfod ymbwyllo rhag ymuno â'r lobi feirniadol honno. Wedi'r cyfan, mae angen genau glân wastad i ganu'n glir. Y ffaith amdani yw nad oeddem ninnau gynt yn yr hen gartref yng ngogledd Môn yn gwbl ddieuog yn y mater, oblegid roeddem ninnau yn dueddol o gychwyn rhoi ein paratoadau Nadoligaidd ar waith yn bechadurus o gynnar. Y gwir amdani, pe bawn i'n gwbl onest, yw y byddem ninnau yn rhyw ddechrau o leia meddwl am y peth, mor gynnar â dechrau Ebrill, ar drothwy'r Pasg weithiau, pe digwyddai i hwnnw fod yn un diweddar. Ymweliad Elin Huws, Clegyrog Ucha, â'n tŷ ni fyddai'r arwydd cyntaf. Nid na fyddai'r wreigdda honno yn galw heibio i roi'r byd yn ei le yn eitha rheolaidd, ond roedd ei gweld yn ei gwneud hi'n fân ac yn fuan hyd lwybr yr ardd gyda basged wiail ar ei braich oddeutu'r Pasg yn achos cyffro neilltuol. Byddai'r croeso iddi bryd hynny yn gynhesach hyd yn oed na'r arfer am fod gennym eitha syniad beth oedd hi'n ei gario yn y fasged honno.

Cystal egluro mai fferm o faint canolig oedd Clegyrog Ucha. Yn wir, yn un o adeiladau yr hen le yn 1807 y ganed un a dyfodd maes o law i fod gyda'r mwyaf diwyd o wŷr llên y bedwaredd ganrif ar bymtheg: Gweirydd ap Rhys, neb llai.

Rhwng y twmpathau eithin ym mhonciau Clegyrog uwchlaw'r pentre wedyn y cyrchem ni'n blant i gicio pêl, i chwarae cowbois, i hel nythod adar, i botsio cwningod, i bledu tywyrch at ein gilydd, i gyflawni pob mathau dan haul o ddireidi.

Un o atyniadau eraill Clegyrog oedd fod yno, nid nepell o'r hen dŷ, bwll hwyaid eitha sylweddol ei faint. A dyna'r hwyl a geid ambell gefn gaeaf pe digwyddai iddi fod wedi rhewi'n galed ers wythnos neu ragor a'r hen bwll yn dal, o fynd i sglefrio arno yng ngolau'r lleuad. Er y bu ond y dim i Robin Gwelfor, y mwyaf mentrus a rhyfygus o'n plith, â chyfarfod ei ddiwedd yn dra chynamserol un tro, pan fentrodd ar ei draws a hithau wedi dechrau meirioli. Cael a chael fu hi. Clywyd sŵn craciau yn atseinio ac oni bai i Jac Glan Gors lwyddo i gydio yn nhin ei drowsus fel yr oedd Robin ar fin mynd o'r golwg fe fyddai hi wedi bod yn o ddyrys arno y tro hwnnw. Bu'n wers ac yn styrbans i'r gweddill ohonom yn sicr.

Pwll i'r hwyaid, meddwyd. Ond yn rhannu'r pwll hwnnw efo nhw yng Nghlegyrog yr oedd hefyd hen glagwydd digon ffyrnig ei agwedd, ynghyd â dwy neu dair o wyddau i'w ganlyn. O blith un o'r haid fechan honno y tarddai ein gobeithion Nadoligaidd ninnau ym Mhengraig.

'Wy Pasg ichi leni eto Magi.' Dyna ddywedai Elin Huws wrth wagio cynnwys ei basged a sodro un wy gwydd yn solat ar fwrdd y gegin cyn mynd rhagddi wedyn i ddoethinebu. 'Dim ond gobeithio na wnaiff o ddim troi allan i fod yn hen wy clonc i chi, wir ionadd. Dydi'r hen glagwydd acw sydd gynnon ni ddim yn mynd ronyn fengach, w'chi, mwy nag ydi unrhyw un arall ohonon ni o ran hynny – a dydi 'i berfformans o efo'r gwydda ddim wedi bod cystal ag y buodd o yn ei breim, reit siŵr. Ond mi gewch siansio'ch lwc efo hwn, 'n cewch. Dim ond gobeithio'r gora, yntê – ia wir ionadd ... a hwyrach y daw o â Dolig llawan i chi yn y fargian.'

Un wy gwydd. Rhodd flynyddol Elin Huws Clegyrog Ucha. Ac fe wyddem ninnau'n burion nad ei ddefnyddio'n un o'r cynhwysion ar gyfer creu homar o deisan felan na chwaith anferth o omled i'r teulu cyfan fyddai tynged y ddywededig rodd hael honno. Dim math o beryg!

Chwilio am iâr ori'n ddiymdroi. Dyna fyddai'r cam pwysig nesa, a doedd y gorchwyl hwnnw un amser ddim yn un hawdd. Wedi'r cyfan, tyddyn bychan o ddim ond rhyw dair acer a hanner o dir oedd Pengraig, yr hen gartre. Digon i gynnal buwch a llo, a mochyn hwyrach ambell flwyddyn, ynghyd â dim mwy na ryw hanner dwsin o ieir a gâi eu gwasanaethu'n gyson a thra chydwybodol gan yr hen geiliog Rhode Island Red hwnnw a fyddai'n ei lordio hi'n awdurdodol ei drem ar hyd y cowrt. Ac onid oedd yr un o'r hanner dwsin o'n rhai ni wedi dechrau gori erbyn hynny roedd hi'n dipyn o greisus. Roedd yn ofynnol wedyn holi ymhlith cymdogion tybed a ellid cael un ar fenthyg o rywle.

O gael gafael mewn un yng Nghae Rhun, Bryn Coch neu Bant y Grintach, dyweder, byddai 'Nhad wedyn yn mynd ati i lifio hen gist de yn ei hanner cyn bwrw dyrnaid o wellt ar ei gwaelod, a chan osod yr wy gyda'r gofal tynera' i orffwys arno fel bod yr iâr ori oedd ar fenthyg yn eiddgar barod a mwy nag ewyllysgar i eistedd arno mewn cornel snec o'r beudy. A hynny cyhyd bynnag y byddai ei angen, wrth reswm.

Fe gymerai'r broses honno o leia dair wythnos i fis i'w chyflawni cyn y byddai ein disgwyliadau ninnau'n dechrau codi. Bob rhyw ddeuddydd neu dri yn y cyfamser fe godai'r hen iâr yn llesg oddi ar ei nyth am ddyrnaid o geirch a llymaid o ddŵr cyn ei gwneud hi'n gydwybodol yn ei hôl rhag i'r wy un adeg gael cyfle i ddechrau oeri. Thalai hynny ddim ar unrhyw gyfri.

Pe digwyddai'r disgwyliad am y cyfnod deor fod ychydig dros ei amser gwelid Mam yn dechrau aniddigo cyn y penderfynai yn y diwedd sodro'r tegell yn bwrpasol ar y tân. Ond cyn y byddai'r dŵr wedi dod at y berw fe fyddai'n tywallt peth i bowlen degan cyn cydio'n ofalus yn yr wy y bu'r hen iâr yn gori arno, gan fynd ag o a'i ollwng yn dra gofalus i'r bowlen. Yna'n aros yn eiddgar bryderus i weld beth fyddai'n digwydd. Petai'r wy yn aros yn llonydd a digynnwrf o'i drochi am funud neu ddau yn y dŵr cynnes dôi'n amlwg mai gori'n ofer a wnaethai'r iâr druan ac fe'i teflid ar y domen. Yn amlach na pheidio, fodd bynnag, gwelid rhyw gryndod yn meddiannu'r wy wrth iddo roi sbonc yn awr ac yn y man yn y bowlen degan. Ac yr oedd hynny'n arwydd gobeithiol iawn bob amser canys fe ruthrid ag ef yn ôl i'r nyth. Mater o ryw ddiwrnod neu ddau fyddai hi wedyn nad oedd y craciau yn dechrau ymddangos yn y plisgyn cyn i'r cyw melyn brafia a chiwtia welwyd erioed wthio drwodd i wneud ei ymddangosiad cynta ar y buarth. Fymryn yn ansicr a herciog i gychwyn, hwyrach, ond gyda'i fam faeth browd yn ei dinpwl buan y gwelid yntau'n troedio'n dalog ar ei hôl. Nid y gallai'r fam faeth roi arweiniad llwyr i'w phlentyn mabwysiedig ar hyd y bedlan chwaith, canys yn eitha buan dôi'n amlwg fod rhai cyfyngiadau go ddyrys yn ymddangos ar ei llwybr wrth geisio'i warchod.

Roedd 'na gatyn o bwll ar waelod un o'n caeau ninnau ym Mhengraig hefyd – dim, mae'n wir, i'w gystadlu ag un Clegyrog chwaith – ac achos pryder nid bychan i'r fam rwystredig oedd gweld ei hetifedd yn neidio iddo ac yn padlio'n jiarff ar ei hyd tra'i bod hi druan yn fawr ei thrafferth a'i gwewyr ar y lan yn ofni'r gwaetha, mai boddi fyddai ei ran yn y diwedd!

Yn ystod y misoedd nesa fe'i gwelid yn prifio, yn newid ei liw, yn magu plu, yn pesgi ac yn cefnu'n llwyr ar bob dibyniaeth ar y fam a'i magodd mor annwyl fel ei fod cyn diwedd Medi neu ganol Hydref ar fin cyrraedd ei lawn dwf. Erbyn bod dechrau Rhagfyr wedi cyrraedd ac yntau'n clegar yn bowld a digon trahaus o gwmpas y lle, daethai'n amlwg yr un pryd fod ei ddyddiau wedi eu rhifo.

Rai dyddiau cyn yr Ŵyl fe roddid tro diseremoni yng ngwddf yr hen druan fel y gellid wedyn ei bluo, ei drin a'i lenwi â stwffin heb fod gormod o saets ynddo. Câi'r plu gorau eu cadw i'w rhoi mewn gobennydd a diogelid un o'i esgyll i wneud adain bobi.

Erbyn noswyl y Nadolig roedd yn barod i'r ffwrn gan sicrhau fod gwledd amheuthun yn ein haros oll fel teulu trannoeth. A phob un ohonom, am bob blewyn oedd ar ein pennau, yn fwy na pharod i gydnabod ein dyled enfawr i Elin Huws, Clegyrog am ei rhad rodd o wy Pasg inni yn ôl ar ddechrau Ebrill – rhodd a fyddai'n gwarantu ein bod am flwyddyn arall yn dathlu Gŵyl y Geni yn dra phriodol.

Cytgord

Yn Swydd Caerwrangon ym mherfeddion y Loegr wledig y mae'r pentre. Buom drwyddo ddwsinau o weithiau ar y mynych droeon yr arferem gyrchu i hen gynefin y bardd a'r dramodydd mawr o lannau Avon yn Stratford. Ond erioed wedi aros yno chwaith. A ninnau bob gafael wedi gadael Eifionydd gryn deirawr ynghynt ac ar frys i gyrraedd pen ein taith, doedd yna byth un amser, na'r un diben yn wir, i loetran yn Cutnall Green ar yr A442 oddeutu pum milltir o Droitwich.

A hyd yn oed pe baem, am ryw reswm, wedi cael achos i aros yno, y mae'n deg datgan nad oedd ond y nesa peth i ddim ar ei gyfyl i ddenu unrhyw deithiwr i oedi'n hir yno chwaith. Dim ond clwstwr o dai, rhai lled foethus yr olwg, fynnwn i ddim gwadu, siop neu ddwy, swyddfa Bost, garej, bwyty, y pethau arferol, ac wrth reswm pawb, tafarn.

A'r tafarn hwnnw yn ddieithriad a fyddai'n hawlio sylw. Nid inni erioed, cofier, dywyllu drws heb sôn am sefyll wrth far y dywededig dŷ potas, er nad pledio achos dirwest yr wyf o ddatgan hynny chwaith!

Ei enw oedd yn ddiddorol. *Oedd* yn ddiddorol, sylwer, oblegid erbyn hyn, gwaetha'r modd, fe gaewyd ei ddrysau a'i droi yn dŷ annedd. Wedi'r cyfan, mae rhywbeth wastad mewn enw, 'does, ac nid enw cyffredin oedd i hen dafarn Cutnall Green yn ystod ei oes aur.

Nid Llew Gwyn, nid Llew Du, nid Llew Coch mohono. Nid Llew o unrhyw un o liwiau'r enfys 'tai hi'n mynd i hynny. Ac yntau oddeutu can milltir o'r môr doedd yna'r un diben ei fedyddio Y Llong nac Yr Alarch wedyn. Sens o rwla! Nid Yr Eryr, nid Yr Afr, nid Yr Hydd Gwyn, na'r Llwynog a'r Bytheiaid, dim un, bid siŵr, o'r enwau cyffredin eraill a dadogir o bryd i'w gilydd ar dafarndai. Enw'r tafarn nodedig hwnnw yw – cywiriad, oedd – Live and Let Live.

Yn ei ddydd onid oedd arwydd y tafarn, un a geisiai gyfleu'r syniad o 'Live and Let Live', yn hongian yn browd ac urddasol wrth iddo ysgwyd yn hamddenol ar bostyn ger y brif fynedfa. Yr hyn a welech oedd llun clampan o gath ddu yn llepian llefrith yn awchus o soser, tra bod – a hynny berai'r syndod – gelyn anghymodlon pob cath, sef y llygoden fach lwyd giwtia welwyd erioed, yn rhannu'r union wledd, yn mynnu ei rhan hithau o gynnwys yr un soser. Y ddwy fel petaent yn gyfeillion mynwesol ac yn byw mewn cytgord perffaith â'i gilydd.

Ond arhoser funud. Nid dyna'r cyfan. Bydded barod am sioc arall. Coelier neu beidio gwelid bwji gwyrdd porthiannus iawn yr olwg, un yn wir a oedd wedi dechrau magu awgrym o gorpareshion, fel y dywedir, ac fel petai hynny y peth mwya naturiol o dan haul creadigaeth y Creawdwr, yn clwydo'n ddigyffro a chwbl ddigywilydd os gwelwch chi'n dda, yn solat ar ben yr union gath honno. A glywyd am y fath beth erioed? Cath yn rhannu soser â llygoden i ddechrau cychwyn! Wannwl! Ond tra bod bwji powld ar ben y gath honno yn nodio ei ben yntau wrth iddo'n chwilfrydig gymryd stoc o bopeth oedd yn digwydd islaw iddo. 'Live and Let Live' myn brain! Doedd Donald Trump a Kim Jong-un ddim ynddi!

Byddai'r holl sioe yn destun siarad cydrhyngom yn gyson ddifeth bob tro y prysurem heibio. Sôn am gytgord. Sôn am warineb. A'r neges yn fwy trawiadol, rhywsut, pe digwyddem fynd trwy'r pentre ar ein hald ym mis Rhagfyr ac wrth iddi nesu at y Dolig bob blwyddyn. Pan fo gŵyl y Geni ar y trothwy onid oes i eiriau fel heddwch a thangnefedd a chytgord fwy o arwyddocad wastad?

Eithr dim ond gobeithio ar y terfyn fel hyn nad ystyrier y peth yn rhyfyg ar fy rhan wrth i ddyn geisio awgrymu cysylltiad a allai fod cydrhwng deubeth sy'n ymddangos ar un wedd, beth bynnag, yn ieuad digon anghymarus. Neges yr arwydd y tu allan i dafarn ym mherfeddion Lloegr ar y naill law, a'r hyn y ceisiodd rhyw hen broffwyd ei gyhoeddi rywle ganrifoedd maith yn ôl ar y llall.

Sôn wnaeth hwnnw, fe gofir, y dôi rhyw ryfedd ddydd wreiddyn o gyff Jesse ac y tyfai blaguryn ohono. Y pryd hwnnw fe fyddai'r blaidd yn trigo gyda'r oen, y llewpard yn gorwedd gyda'r myn, y llo hefyd a chenau y llew a'r anifail bras a fyddent ynghyd tra bo bachgen bychan yn eu harwain. A dyna beth fyddai *Live and Let Live* go iawn gyda thangnefedd, cytgord a chymod yn sicr o deyrnasu wedyn. Garantîd!

Ac onid dyna'n gobaith eleni eto ar drothwy Nadolig arall.

Dolig y donci

Mae'n syndod fel y gall ambell sylw eitha diniwed a wnaeth dyn ar funud gwan ryw dro gael ei fwrw'n ôl ato'n annisgwyl yn hwyr neu'n hwyrach. Cymerer fel enghraifft beth o'm profiad i tua'r adeg hon y llynedd. Mewn truth Nadoligaidd ei naws ryw dro ynghynt roeddwn i wedi ceisio rhoi mynegiant i fater a'm trwblai, er na thybiwn, yn wir na ddisgwyliwn, y byddai undyn byw bedyddiol yn cymryd y rhithyn lleiaf o sylw o'm hegwan gri chwaith.

Mynegi pryder wnes i mai prin iawn y dwthwn hwn bellach y mae 'na unrhyw berthynas, fe ymddengys – un yn sicr a ddylai fod – cydrhwng y tomennydd helaeth o gardiau Nadolig a dywelltir yn gawodydd ar ein haelwydydd, a gwir ystyr yr hen ŵyl.

Ar y dwsinau ar ddwsinau a ddaw acw, beth bynnag, o flwyddyn i flwyddyn, delweddau o ddynion eira welwn ni gan amlaf, neu ddefaid yn llochesu ym monau cloddiau, torchau celyn a barrug yn dew drostynt wedyn, ceffylau yn tynnu'r goets fawr, ambell Santa, hwyrach, yn stachu i lusgo beichiau trymion ar ysgwyddau digon egwan, neu'n clwydo'n simsan ar gorn simdde rywle, delweddau di-ri o dwrcïod a chracyrs a phwdinau plwm hefyd, a chyda'r Robin goch yn bla ar niferoedd helaeth ohonynt. Yr holl bethau hyn ac ychwaneg.

Eithr y nesa peth i ddim sôn am fugeiliaid yn gwylio'u praidd, am ddoethion yn dilyn seren, am y Fair Forwyn yn anwesu ei baban. Fel petai gwir ystyr yr hen ŵyl wedi ei golli neu ei anwybyddu'n fwriadol.

Er mai llef un yn llefain, cystal cyfadde, fu hi, nes yn gwbl annisgwyl i lythyr diddorol a cherdyn pwrpasol i'w ganlyn oddi wrth wraig radlon o Fôn ddisgyn ar y mat acw ychydig cyn yr ŵyl fawr y llynedd. Roedd rhywun o leia, a bendith ar ei phen annwyl hi am hynny, fel petai ar yr un donfedd yn union ag yr oeddwn innau.

Eithr cyn dyfynnu peth o'i llythyr cystal cyfeirio at ei cherdyn, sut fath un ydoedd. Roedd y llun arno'n un eitha trawiadol a lliwgar. Dau asyn gwarcheidiol yn sefyll o'r naill du i ryw fath o breseb lle gorweddai baban ar ei wely o wair, a chyda seren yn llachar wenu arnynt drwy ddrws agored adeilad a debygai i stabl. Cerdyn, yn briodol iawn ar ben hynny, oedd yn cael ei werthu er budd Tŷ Gobaith.

'Cofio wnes i,' meddai'r llythyrwraig, 'am eich truth chi ryw dro yn erbyn cardia digrefydd, ac yn dilyn y profiad ge's i yn ddiweddar roedd yn rhaid imi gael anfon atoch a hwn i'w ganlyn.'

Yna fe aeth rhagddi i draethu'n dra huawdl;

Yr oeddwn wedi mynd â Mam i Ffair Nadolig Trescawan er mwyn iddi gael chênj bach, yntê, er nad oedd ond y nesa peth i ddim yn plesio Myddyr yno chwaith, ac ar ôl iddi fodloni ar brynu potiad o siytni a jariad o nionod picl dyna'i pharcio hi efo'i phanad a mynd am dro bach o gwmpas y lle fy hun ... Roedd yr Anglesey Suite yno yn llawn crefftau o bob math, ond eto heb fod fawr ddim at fy nant innau chwaith. Ond yn hytrach na phrynu dim oll a mynd oddi yno yn waglaw dyna ryw fudur loetran o flaen stondin yn gwerthu cardiau Dolig. Ac fel chitha fe fydda inna wastad yn trio chwilio am rai efo neges Nadoligaidd arnynt, dim ond fel arfar dydi rheini NO WÊR TW BI SÎN, nac ydynt?

A doedd dim pall ar ei rhethreg na'i huotledd wrth iddi ddal ati;

O'm blaen roedd 'na dair lot o gardiau amrywiol, y mwyafrif, wrth reswm, fel y gallwch chi feddwl mewn Inglish coeth, rhai yn bei-lingiwal, a rhai, credwch neu beidio, syrpréis, syrpréis, er bron wedi eu gwthio o'r golwg, mewn Welsh. Ac ar fy ngwir, syndod fyth ar syndod, roedd 'na rywfaint o naws crefyddol yn rhyw fygwth pipio i'r golwg mewn ambell un ohonynt.

A'r wraig ar gefn ei cheffyl yn ei gohebiaeth erbyn hynny, aeth rhagddi gyda'i pherorasiwn;

Roedd 'na bladras o Seusnas – un ddigon clên chwarae teg iddi – wedi ei sodro ei hun y tu ôl i'r stondin. Codais becyn o ryw hanner dwsin oedd yn cynnwys un o'r rhai yr ydw i yn ei anfon i chi. '*I'll have this packet please,*' meddwn i yn y Saesnag gora fedrwn i. '*Oh!*' ebychodd y bladras, '*aren't the donkeys quite lovely,*' cyn mynd ymlaen i ebychu ar ucha'i llais, '*I just love them. Do you know, everybody seems to be after donkeys this year!*'

Ac meddai fy ngohebwraig;

Wedi imi gael dros y sioc mentrais awgrymu'n gloff, '*Actually I was after something which conveys the real meaning of Christmas.*'
Rhoddodd y ddynas DYBL TÊC ARNA I, ac yna ar y cerdyn, cyn iddi 'mhen hir a hwyr wawrio arni fod y baban Iesu yntau yn rhan o'r llun rywle.
'*Good gracious me,*' ffrwydrodd, '*the baby is here too,*' cyn ychwanegu ddim ond yn lled ymddiheurol, '*I hadn't noticed, it must have completely escaped my attention.*'

Daeth yr ohebiaeth i'w therfyn wrth i'r wreigdda waredu;

'Glywsoch chi 'rioed ffasiwn beth? Do, mi feddylis amdanoch chi'n syth a rhaid oedd anfon y cardyn hwn atoch.'

Beth mwy a ddywedaf, gyfeillion? Tybed ai Dolig y donci fydd eich un chitha hefyd eleni? Wel, o leia yn ôl y dystiolaeth uchod, beth bynnag, y mulod, gwaetha'r modd oedd *all the go* ar Ynys Môn y llynedd!

Ôl Nodyn:

A chystal bellach fyddai i minnau ddatgelu mai'r amryddawn a'r dalentog Linda'r Hafod oedd awdur y truth y bu i mi ddyfynnu ohono.

Y 'Myddyr' y cyfeiriai Linda ati wrth reswm oedd – a phwy arall ond – y ddiweddar annwyl Audrey Mechell. Er ei bod yn chwith sobor meddwl nad yw hi efo ni mwyach chwaith.

Do, fe brynodd Audrey ei siytni a'i jar o nionod picl yn Ffair Nadolig Trescawan y diwrnod hwnnw, ond prin ei bod druan wedi cael cyfle i'w mwynhau. Mewn mater o ychydig wythnosau wedyn yr oedd hi wedi ein gadael a bu bwlch enfawr ym mywyd diwylliannol yr hen Ynys ar ei hôl. Coffa da a diolchgar amdani ac am gymeriad mor arbennig.

Campau garddwriaethol

Dydw i'n amau dim mai ar Alexandre Dumas y rhoddwn i o leia gyfran o'r bai am feithrin ynof ryw fath o ddiddordeb yn y peth. A thipyn o rebal, waeth cyfadde ddim, fu hwnnw yn ei ddydd; gŵr, er hynny, allai arddel oddeutu trichant o deitlau fel awdur, yn gasgliadau o ysgrifau ac o storïau, nofelau a dramâu, llyfrau teithio a deunydd newyddiadurol, yn wir unrhyw gyfrwng dan haul. Mewn gair, un a oedd yn ei ddydd yn ymylu ar fod yn ffatri lenyddol od o gynhyrchiol ar ddwy droed. Tipyn o lên leidr yr un pryd ar adegau, hynny yw os gwir y sôn. Bu iddo unwaith, meddan nhw, hawlio rhannau o'r *Iliad* fel ei waith gwreiddiol ef ei hun!

Fu erioed fywyd cyn lawned o sgandalau chwaith: sgandalau am garwriaethau slei a phlant anghyfreithlon, ac am ryfyg mor gwbl anghyfrifol neu feiddgarwch mor ddilyffethair. Ac am dorpriodasau, methdaliadau a thramgwyddo cyson yn erbyn safonau ei gymdeithas wedyn, nid oedd ragori arno na'i ffrwyno.

Ei nain yn gyn-gaethferch o Haiti a'i dad yn Greoliad a ddaeth i gryn fri ac enwogrwydd fel cadfridog hynod ddewr ond a adawodd ei deulu ar ei farwolaeth mewn dygn dlodi a phan nad oedd Alexandre ond pedair oed. Ond bu'r cof am ddewrder ei dad yn ysbrydoliaeth i'r bachgen. Fe ddysgodd sefyll ar ei draed ei hun o'r dechrau ac er iddo ddioddef yn achlysurol oddi wrth sylwadau hiliol yn cael eu hanelu ato ar gyfrif y ffaith ei fod o waed cymysg, gallodd gynnal y cyfan yn oddefgar a chydag elfen gref o raslonrwydd.

Yn weithiwr diarbed a dreuliai o leiaf bedair awr ar ddeg bob dydd uwchben ei oruchwylion, ond er i'w gynhaeaf fod yn un hynod doreithiog mae'n debyg mai dim ond am ryw ddyrnaid o'i nofelau y cofir amdano bellach. Daw'r *Gŵr yn y Masg Haearn*, *Y Tri Mysgedwr*, *Cownt Monte Cristo* a'r *Tiwlip Du* (*La Tulipe Noire*) i'r meddwl yn syth.

Cofiaf, a minnau'n llafn o hogyn yn Ysgol Amlwch gynt, ddarllen y *Tiwlip Du* gydag afiaith. Wedi ei chyhoeddi yn 1850 a'i gosod yn erbyn berw a thrybestod gwleidyddol ail hanner yr ail ganrif ar bymtheg yn yr Iseldiroedd mae'r stori'n dechrau pan yw dau o uchel swyddogion y llywodraeth, y brodyr Johan a Cornelius de Witt, yn cael eu lynsio gan haid o derfysgwyr. Er mai digon brau yw'r cysylltiad rhwng y digwyddiad hwnnw a'r brif thema rywsut hefyd.

Oddeutu 1560 yr oedd y tiwlip wedi ei gyflwyno i'r Iseldiroedd o Dwrci a rhai wedi dechrau blodeuo yn Antwerp, eithr ymhen canrif wedyn yr oedd y blodyn ymron wedi ennill statws eiconig yn y wlad. Yna, yn ôl y stori a adroddir gan Alexandre Dumas yn ei nofel, yr oedd Cymdeithas Arddwriaethol Haarlem wedi trefnu cystadleuaeth a gynigiai wobr hael o ganmil guilder (a oedd yn swm aruthrol ar y pryd) i'r sawl a lwyddai i gynhyrchu'r enghraifft berffeithiaf o diwlip du, ac nid yn annisgwyl fe ddaeth y ras ffyrnig gystadleuol honno â rhai o nodweddion salaf y natur ddynol i'r amlwg.

Aethai un Cornelius van Baerle ati'n syth i ymgodymu â'r sialens, ac yr oedd o fewn dim i lwyddo pan gynllwyniwyd yn ei erbyn gan gyd-ymgeisydd o gymydog eiddigeddus, Mynheer Isaac Boxtel, ac fe lwyddodd hwnnw i ddod ag achos llys cwbl ddi-sail yn erbyn van Baerle. Fe'i bwriwyd i garchar yn y gobaith y byddai hynny wedyn yn hyrwyddo'r ffordd iddo ef, Boxtel, fwrw 'mlaen i hawlio'r wobr fawr.

Dan ddedfryd o farwolaeth a'i obeithion erbyn hynny'n chwilfriw, mae van Baerle, fodd bynnag, yn cyfarfod Rosa, merch i un o'r gwarcheidwaid. Mae'r ddau yn syrthio mewn cariad cyn iddi hi yn y diwedd lwyddo i'w achub ef a'i diwlip.

Mae twyll a brad, ystryw a thrachwant o bob math ynghyd ag elfen o stori garu gref yn gyrru'r cyfan i'w uchafbwynt. Deunydd ydyw sy'n ddathliad yn y pen draw o rym anorchfygol gonestrwydd a didwylledd ar draul rhaib obsesiynol o bob math. Yn wir, fe gydiodd y nofel yn nychymyg pobl i'r fath raddau fel bod ei chyhoeddi yn 1850 wedi rhoi cychwyn i'r myth am y tiwlip du.

A chymaint mwy erbyn heddiw y tyfodd y diwydiant cynhyrchu'r tiwlip yn yr Iseldiroedd. Cynhyrchir dros bedair biliwn a rhagor o fylbiau yno bob blwyddyn, gyda'u hanner yn cael eu hallforio i bedwar ban. Does raid ond cyrchu i Erddi Keukenhof bob gwanwyn i gael tystiolaeth o'r croestoriad amryliw, dros ddwy fil a mwy o wahanol samplau, sydd ar gael. Mae'r amrywiaeth sydd ar y farchnad yn gwbl syfrdanol a'r botanegwyr yno o hyd yn dal i weithio ar gynhyrchu'r samplau tywyllaf posib. Yn eu plith mae'r math sy'n dwyn yr enw Brenhines y Nos yn hynod boblogaidd, felly hefyd y Ronaldo a'r Blac Jac.

Eithr beth am fy ymdrech garbwl i dro'n ôl i dyfu tiwlip du yma yn fy ngardd yn Eifionydd? Roeddem ni'n bwrw rhai dyddiau yn Amsterdam ac yn rhoi tro un bore drwy'r Bloemenmarkt, y farchnad flodau enwog ar gamlas Singel. A'r fath amrywiaeth anhygoel oedd ar gael yno, digon i wirioni ac i foddio gwanc y garddwr mwyaf medrus a brwd. Nid 'mod i, prysuraf i bwysleisio, yn aelod o'r dosbarth dethol hwnnw chwaith.

Aros wrth un o'r stondinau a phenderfynu prynu paced oedd yn cynnwys chwech o fylbiau Brenhines y Nos, a'r stondinwr gwengar wrth eu gwthio i gwdyn plastig, nad oedd disgwyl imi dalu pum ceiniog ychwanegol amdano, yn ein sicrhau y cynhyrchai'r pwrcasiad hwnnw diwlipiau duach na du inni!

Teimlwn 'mod i yn y fan a'r lle yn cymryd arnaf fantell Cornelius van Baerle gynt wrth ei sgwario hi'n dalog am y stondin nesaf lle roeddid yn addo hyd yn oed ragorach fyth. Tuniau bach sgwâr, ciwt i'w rhyfeddu, yn cynnwys dim ond dau fwlb yn unig oedd yn cael eu cynnig yn y fan honno. Roedd llun o'r tiwlip du ar un ochr i bob tun, cyfarwyddiadau sut i'w plannu ar yr ochr gyferbyn, tra bod atgynyrchiadau pen ac ysgwydd o hunanbortreadau gan Rembrandt a Van Gogh neu rywun, petai wahaniaeth union p'run, ar yr ochrau eraill. Swfenîr bach delfrydol, fel yr haerwyd, i'w gludo adre'n anrheg o Amsterdam i aelod o deulu neu gydnabod. Ac fe gredais i fuddsoddi mewn dau o'r cyfryw rai, er y gorfu imi dalu drwy 'nhrwyn amdanynt, rwy'n ofni. Gallwn gadw un i mi fy hun ac fe roddwn y llall i nith hoff ym Môn a oedd yn ei ffansïo ei hun fel rhywun a oedd yn berchen bysedd gwyrddion. O ia, fe fu ond y dim imi ag anghofio, fe roddwyd garantî i mi y byddai'r cyfryw fylbiau drudion yn cynhyrchu samplau tywyllach a duach hyd yn oed nag a freuddwydiodd y cynhyrchwyr ar stondin Brenhines y Nos erioed amdanynt.

Am adre â ni wedyn yn llawen, eithr ar fy nghodiad trannoeth 'rôl dychwelyd euthum ar fy hyll i ganolfan arddio Tyddyn Sachau ger Y Ffôr i brynu cyflenwad o'r compost gorau a'r drutaf oedd ar gael. Heb arbed arian nac egni wedyn eu plannu'n ofalus a charuaidd ond yn llawn hyder ffydd. Roeddwn yn gwbl dawel fy meddwl y byddai gennyf mewn mater bychan o ychydig wythnosau sioe ddu i'w chofio.

Ond dacia, roedd gan fy nith ym Môn fantais arna i. Roedd hi'n berchen tŷ gwydr i ddandwn ei rhai hi. Doed gen i 'run ac fe ddôi'n gwbl amlwg oddi wrth ambell neges destun a gyrhaeddai acw ei bod hi ar y blaen yn y ras oedd wedi datblygu rhyngom. A hi ar un wedd a orfu. Tra mai dim ond dail yn rhyw ddechrau ymwthio i'r golwg y gallwn i eu dangos roedd ei rhai hi wedi blodeuo mewn modd na allai Solomon yn ei holl ogoniant ragori arnynt. Dim ond, och a gwae, eu bod wedi troi allan i fod yn ddau ffrîc, yn rai albinaidd. Nid du mohonynt! Roeddent, os gwelwch chi'n dda, fel yr eira yn glaer wyn! Roedd rhywbeth rhyfedd, cwbl anesboniadwy wedi digwydd a oedd y tu hwnt i unrhyw ddisgwyliadau a phob tebygolrwydd rhesymol. Roedd cynnwys y tun a gawsai hi wedi esgor ar eithriadau prin, prin.

Nid 'mod i ar unrhyw gyfrif, cofier, wedi colli llawer o

ddagrau ar gownt ei hanffawd hi chwaith. Fe fyddwn yn llai na gonest pe dywedwn na fu imi chwerthin i fyny'm llawes ynghylch y peth. Diolchwn am ddamwain mor ffodus a fyddai'n sicrhau fod y llwybr yn ymagor yn unionsyth o'm blaen i wedyn i fod yn fuddugol yn y gystadleuaeth ffyrnig rhyngom.

Yn y cyfamser roedd fy rhai i yn dal i dyfu, os yn raddol, eto'n hynod addawol. Fe gaed tridiau o haul digwmwl arnynt ddechrau Ebrill fel bod y cyfan o'r diwedd, un prynhawn, yn ymagor yn ogoneddus ymron gyda'i gilydd. Dim ond, creder neu beidio, bod chwe Brenhines y Nos oedd i fod yn dduach na du wedi blodeuo yn ddisglair binc, a'r ddau oedd cyn eu plannu wedi bod yn llochesu mewn blwch ble'r oedd Rembrandt a Van Gogh yn cadw golwg arnynt wedi ymagor yn llachar felyn.

Wel! Ar fy ngwir! A ellid credu'r fath ddryswch? Clywswn rywle fod rhyw awdur dysgedig o Sais wedi llunio cyfrol gyfan unwaith a haerai fod hanner can shêd o lwyd yn bosib. Er 'mod i'n rhyw led-amau, cofier, nad arweinlyfr ar dyfu tiwlip oedd y *Fifty Shades of Grey* hwnnw! A dyna'r Gwyddel wedyn yn gallu ymffrostio'n huawdl mewn lliaws anghyfri ac amrywiol o'r lliw gwyrdd.

Ond doedd bosib nad du ydoedd du ar bum cyfandir? A hyd yn oed os oedd hi'n bosib cael amrywiaeth bychan weithiau ar y du hwnnw, yn sicr, nid pinc na melyn chwaith fyddai'r canlyniad.

Eithr beth aethai o'i le? A dyna ddechrau pendroni uwchben mater mor ddyrys er ceisio canfod rhyw fath o eglurhad. Mae'n wir bod cyfarwyddiadau manwl sut i'w plannu a'u meithrin yn argraffedig mewn Iseldireg ar y paced a'r tuniau y rhoeswn i arian sychion yn gyfnewid amdanynt yn y Bloemenmarkt yn Amsterdam, ond y felltith oedd nad oeddwn i yn hyddysg yn y *lingo* honno. Ai hynny, tybed, oedd i gyfri ac i ni'n dau gamddeall pethau wrth fynd o'i chwmpas hi i'w tyfu? Er mai amau yr oeddwn i fod yr eglurhad yn llawer dyfnach na hynny. Tybed fod perthynas go agos i'r hen ddihiryn hwnnw Mynheer Isaac Boxtel, a fu'n gymaint o ddraen yn ystlys Cornelius van Baerle gynt, wedi cynllwynio'n ddieflig yn fy erbyn innau hefyd i sicrhau na allwn innau chwaith, nid tra bod ynof chwyth, dyfu unrhyw fath o diwlip du yma ym Morth-y-gest?

Ond arhosed nhw tan y tro nesa y bydda i'n mynd ar sgawt i Amsterdam. Mae un peth yn eithaf sicr: unwaith y byddaf yn glanio ym maes awyr Schippol, y byddaf yn gwneud bi-lein am y farchnad flodau honno yng nghanol y ddinas er mwyn galw i gyfrif y ddau lymbar a werthodd y bylbiau clonc imi yn y lle cyntaf. Bydd yn abal â byw ar y ddau, oblegid yn fy nghynddaredd cyfiawn ar ôl olrhain eu hachau yn ôl i'r goedwig ddua fe fyddant mewn perygl o gael eu llindagu. Neu eu bwrw dros eu pen a'u clustiau yn ddiseremoni i'r gamlas! Er mai'r tebyg yw, yn llinach llwfrgwn cyffelyb ar hyd y canrifoedd, y byddant wedi hen, hen gymryd y goes i rywle erbyn hynny gan weithredu'r egwyddor mai iacha'i groen bob gafael yw croen y cachgi!

Eithr wedi dweud hyn oll, choelia i fyth mai i Wilko yr a' i i brynu bylbiau tiwlip ar gyfer y gwanwyn hwn. Gellir dibynnu ar y rheini bob gafael, a heb drafferth o fath yn y byd i gynhyrchu'r lliw y byddaf yn ei chwennych, yr union liw a ddynodir ar y paced. Ac ni thybiaf y byddaf ar ormod o frys i ddarllen 'run o weithiau Alexandre Dumas am y rhawg eto chwaith.

La Tulip Noire, myn brain. Dydw i ronyn o awydd clywed yr ungair rhagor amdano!

Dafydd Henri

Nos Sadwrn ar ddechrau mis Hydref oedd hi, gryn bum mlynedd a thrigain yn ôl bellach, a minnau'n llafn deunaw yn llwyr allan o'm dyfnder ac yn sefyll fel ar untroed oediog, yn adnabod yr un enaid byw bedyddiol o'm cwmpas, mewn dawns, neu Hop fel y'i gelwid, ar lawr Neuadd Pritchard Jones yng Ngholeg Bangor. Diben yr achlysur, mae'n debyg, oedd croesawu glasfyfyrwyr blwyddyn academaidd 1954–55.

Ond doedd pethau o'r fath, a bod yn gwbl onest, ddim at fy nant i. Cystal cyfadde na fûm i erioed mewn dawns cyn hynny ac fe ellid cyfri ar lai na bysedd un llaw sawl achlysur nid annhebyg i'r un hwnnw y bûm ynddo wedi hynny chwaith. Er i'r profiad ar waetha popeth droi allan i fod yn un gwir fendithiol yn y diwedd hefyd.

Sylwi bod yna greadur tebyg imi yn sefyll rai llathenni oddi wrthyf, rhadlon a gwledig ei wedd, yntau'n ogystal yn edrych fel petai'n llwyr ar goll. A dyna ryw nesu ato'n lled betrusgar gyda'r geiriau, 'Sut hwyl sydd … mae hi'n ddigon swnllyd yma dydi …?' neu rywbeth i'r perwyl.

'Shwt ma' hi, 'te?' atebodd yntau, yn eitha serchog pob parch iddo. Sowthyn, roedd hi'n amlwg!

'Wil ydi'r enw … Wil Owen,' ychwanegais.

'A Dafydd wyf finne … Dafydd Henri Edwards,' atebodd yntau gan gynnig ei law.

Caed ar ddeall yn y sgwrs a ddilynodd ein bod ni'n dau wedi cofrestru i astudio mwy neu lai yr un pynciau, ac fe gytunwyd y byddem yn eitha tebyg o daro ar ein gilydd yn rheolaidd unwaith y byddai'r tymor dysgu wedi cychwyn.

Ac felly yn union y bu. Yn ddiweddarach y caed ar ddeall ei fod yn ymgeisydd am y weinidogaeth gydag enwad y

Bedyddwyr. Mae'n wir nad oedd llaid mawnogydd uchelderau Ffair Rhos yn Sir Aberteifi wedi llwyr sychu oddi ar ei esgidiau bryd hynny, mwy nag yr oedd olion tail gogledd Môn wedi llwyr gilio oddi ar fy rhai innau chwaith, eithr buan y canfyddwyd ein bod o gyffelyb anian, yn adar o'r unlliw. Buan hefyd y blagurodd cyfeillgarwch a oedd i bara am flynyddoedd meithion – hyd ganol Mehefin 2018 i fod yn fanwl.

Yn ystod ei flwyddyn gyntaf lletyai yn Ffordd Denman. Rhanai ystafell â Gareth, bachgen o Wigan a oedd yn astudio Mathemateg, un yr oedd ei wreiddiau ar ochr ei dad yn ddwfn ym Morth-y-gest yn Eifionydd. A buan y daethai yntau yn un o'r criw.

Ar gyfer ei ail flwyddyn, yn wir onid wyf yn cyfeiliorni, hyd weddill ei ddyddiau yn y coleg, fe symudodd Dafydd Henri i Ffordd y Ffynnon mewn cwr arall o'r ddinas. Erbyn hynny daethai Hugh Mathews i Fangor a bu'r dau yn cydletya â'i gilydd am bedair blynedd. Am gyfran o'r cyfnod hwnnw fe ymunodd Roger, y Wesla brwd, â'r ddau Fedyddiwr yn yr un llety, er na lwyddodd Roger – yr Arglwydd Roberts o Landudno yn ddiweddarach – er iddo ddyfal doncio'n hir a chyson, mae'n ddiamau, i ddenu Dafydd i ymuno â'r Blaid Ryddfrydol chwaith.

Petai wedi llwyddo diau y byddai wedi bachu sgodyn go fawr, oblegid gallai Dafydd, petai'n anifail gwleidyddol, fod yn gaffaeliad i unrhyw blaid. Nid yn unig yr oedd yn bregethwr huawdl ond yn areithydd medrus dros ben. Onid oedd un flwyddyn yn aelod o'r tîm o ddau hwnnw o Goleg y Bedyddwyr a enillodd y Brisgyll mewn cystadleuaeth areithio i holl golegau Cymru a gynhaliwyd dan nawdd *Y Cymro*.

Yn llenor ac yn fardd addawol hyd yn oed cyn iddo ddod i Fangor, roedd eisoes wedi ennill cadair eisteddfod ei hen ysgol yn Nhregaron deirgwaith ynghyd â dyrnaid o gadeiriau eisteddfodau lleol, rhai gwobrau hefyd yn adran ieuenctid yr Eisteddfod Genedlaethol. Cyhoeddai gerddi yng nghyhoeddiadau'r myfyrwyr a bu'n olygydd Adran Gymraeg y cylchgrawn *Omnibus* am gyfnod. I goroni'r cyfan fe gipiodd y gadair yn Eisteddfod Genedlaethol yr Urdd a gynhaliwyd yn Nolgellau yn 1960. Roedd honno'n gystadleuaeth ffyrnig rhwng deunaw: Vernon Jones, Bow Street wedi ei osod yn drydydd gan y beirniad Huw Llywelyn Williams, John Rowlands (Trawsfynydd bryd hynny) neb llai, yn ail. Roedd Dafydd wedi ymddiried y gyfrinach i un neu ddau ohonom, a difyr oedd bod yn bresennol yn y seremoni i'w gefnogi.

O'i ysgwyddau'n llawer uwch na nifer o'i gyfoeswyr bryd hynny, edliwiais droeon iddo ei ddiffyg disgyblaeth am na wireddwyd y potensial mawr oedd ynddo yn nyddiau coleg. Mae'n wir iddo gyhoeddi nofel, *Ogof Arthur*, cyfrol denau o gerddi, *O Ffair Rhos i Futaleufu*, a hunangofiant, *Lloches y Perthi* (teitl a gafodd o bryddest radio enwog J. Kitchener Davies *Sŵn y Gwynt sy'n Chwythu*, a fu'n gymaint o ddylanwad arno ac yr hoffai ddyfynnu ohoni mor aml) ynghyd â rhai manion eraill. Ond roedd hi'n drueni na fu iddo'n ddiweddarach feithrin y dalent oedd ganddo. Eithr dadlau y byddai o wastad mai pregethwr oedd o yn anad dim. Ar hynny y rhoddodd ei fryd. Doedd disgyblaeth gaeth y bardd neu'r llenor yn ei gell yn apelio o gwbl. Mynnai fod yn enaid rhydd. Onid oedd ganddo p'run bynnag nifer o ddiddorebau eraill yr oedd yn rhaid iddo gael eu dilyn a'u meithrin. Ond fe'i dywedaf eto i'r byd llên yng Nghymru fod yn dlotach ar gyfri y dewis a wnaeth.

Cofiaf fel y byddem yn ystod ein blwyddyn olaf o'n cwrs yn Adran y Gymraeg yn cael ambell sesiwn dan arweiniad y diweddar Ddoctor John Gwilym Jones, y gŵr o athrylith hwnnw y bu cynifer o'm cenhedlaeth i mor ddyledus iddo, ar ysgrifennu creadigol.

Ar un achlysur fe fynnodd John Gwilym roi tasg inni i lunio paragraff oddeutu dau gant a hanner o eiriau yn arddull un o 'Weledigaethau' Ellis Wynne. Y frawddeg agoriadol a osodwyd ar ein cyfer inni adeiladu arni yn arddull gymalog y llenor mawr o'r Lasynys oedd 'Yr oedd sŵn dychrynllyd yn y ffair ...'

Nawr, rhaid cyfadde nad oeddwn i, ar y pryd beth bynnag, naill ai o ddiogi neu o ddiffyg gallu, neu o bosib y ddau, yn disgleirio mewn tasgau o'u bath. A dyna daclo Dafydd Henri nad oedd llunio pethau cyffelyb yn drafferth yn y byd iddo.

'Fedri di lunio rwbath 'run pryd i minnau hefyd?' meddwn i, 'dim ond rwbath ffwrdd â hi wnaiff y tro, rhag i mi osgoi croesi'r hen John Gwil.'

'Jiw, Jiw! Na fedra i wir ...' oedd ei ateb digon siort, 'ma' 'da fi ddau draethawd i'w sgwenni a phregeth i'w thraethi i'r Sermon Class yn Bap Col. A ma' hynny'n gowdel sy ddigon gen i.'

Ond fe wyddwn i, yr hen gadno ag oeddwn, yn burion iawn fod gan Dafydd Henri sawdl Achilles, a dyna'i hanelu hi'n syth at y gwendid hwnnw oedd ynddo fel Cardi.

'Yli, gwranda'r hen ddyn, beth amdani os tala i am ginio i ti lawr yn Bay Tree fore Gwener?'

Daeth hynny â gwên lydan i'w wyneb. Bochau bodlon yn syth. Gwnâi o! Gwnâi!

Cystal egluro mai bwyty bach digon cyffredin bron union gyferbyn â sinema'r Plaza oedd y Bay Tree, sefydliad y cyrchem iddo'n wythnosol yn selog. Dim ond yr un saig, gydag undonedd diflas, oedd wastad ar y meniw. Nid oedd ddewis arall, sef *heart & chip*s, a'r cyfan yn nofio mewn grefi tew llawn *cholesterol* maethlon. Er ei bod yn amheus iawn gen i a oedd y gair hwnnw hyd yn oed wedi ei fathu bryd hynny.

Ac fe wnaeth Dafydd gyfiawnder llwyr â'r wledd honno ar fy nhraul cyn cadw ei ran ef o'r fargen y bore Llun canlynol.

Daeth yr awr o brysur bwyso – y chwech ohonom, bob un yn ei dro yn ystod y tiwtorial, yn darllen bob un ei ymdrech. Tybed a allem ragori ar Ellis Wynne?

Caed ymdrechion glew gan Harri Owain Jones, Harri Parri, Nan Bryn ac Emrys Williams gyda'r athro yn traethu ei farn ar bob ymdrech.

'Gadewch inni glywed eich ymgais chi rŵan 'ta, David,' meddai John Gwilym.

Am ryw reswm fel 'David' y byddai'n cyfarch Dafydd rownd y ril, a hynny er cryn ddifyrrwch i bob un ohonom. A dyna yntau yn darllen ei gampwaith yn dra, os yn or-ddramatig. Er nad oedd yr athro wedi ei fodloni'n llwyr chwaith. Ail ei lle oedd yr ymdrech. Roedd ynddi rai diffygion pur amlwg.

'William, beth amdanoch chi?'

A minnau wedyn, orau gallwn, yn darllen yr ymgais y talwyd mor gyndyn amdani wrth gowntar y Bay Tree ychydig ddyddiau ynghynt, cyn cyflwyno'r darn papur i John Gwilym iddo yntau wedyn roi ei linyn mesur terfynol arni.

Bu distawrwydd disgwylgar am funud neu ddau tra 'mod i'n dal fy anadl yn aros y dyfarniad. Pan ddaeth fe'm lloriwyd.

'Wel, William, boi bach mae hwn yn dda … yn dda iawn, hogyn … mae'n ardderchog. Bron na ddywedwn y byddai Ellis Wynne ei hun yn fwy na pharod i arddel y paragraff yna.' (Gyda'i dafod yn ei foch, wrth reswm) a chan ychwanegu, '*Well done* chi …'

A minnau yno'n sefyll yn syfrdan, yn cael rhith-weledigaethau o fawredd, yn teimlo bod cufyddau wedi eu hychwanegu at fy maintioli ac y gallwn o hynny ymlaen fy nghynnig fy hun yn rhwydd fel rhad rodd rhagluniaeth i ddyfodol llenyddiaeth fy henwlad, ond tra 'mod i wedi anghofio'n llwyr mai eiddo Dafydd Henri oedd y campwaith. Er bod un peth yn aros yn ffaith mai dyna'r buddsoddiad gorau mewn *heart & chips* a wneuthum erioed.

Profiad lled debyg oedd un Hugh Mathews yntau, ond iddo ef hyd yn oed ennill cadair yn y fargen. Wrth gyflwyno teyrnged i'w hen gyfaill o bulpud y Tabernacl yng Nghaerdydd ar ddydd ei angladd bu i Hugh gyfadde iddo unwaith yn ei ieuenctid ffôl ennill cadair – ei unig gadair erioed fel yr oedd hi'n digwydd bod, canys nid bardd mohono yntau.

Eisteddfod yn Nhreboeth, ei gartref ger Abertawe, oedd yr achlysur pan ddisgwylid iddo, ac yntau yn astudio'r Gymraeg yn yr Iwnifersiti, anfon rhywbeth i'r gystadleuaeth. A'r hyn a wnaeth oedd pwyso ar Dafydd i lunio cerdd ar ei ran, er na fu iddo fanylu pa lwgrwobrwyon a gynigiwyd i'r hen Gardi chwaith. Er y mae'n ddiamau i Dafydd gael ei bwys o gnawd y tro hwnnw hefyd!

Fe anfonodd Hugh y gerdd i'r gystadleuaeth o dan ei enw ei hun. Ac ennill – os trwy dwyll! Sy'n arwain dyn i ddyfalu bellach faint mwy, tybed, o gadeiriau mân-eisteddfodau ledled yr hen wlad a gipiwyd gan gyfeillion Dafydd Henri, ac yntau – er nad am ddim, bid siŵr – wedi cyfansoddi ar eu rhan.

Ond daethai'n ddydd o brysur bwyso arall arnom ym Mangor cyn hir gydag amser cyhoeddi canlyniadau yr arholiadau gradd yn prysur nesau. Yn llawn hyder ffydd roedd Dafydd wedi aros ym Mangor amdanynt tra 'mod i wedi ei sgrialu hi'n ôl gartref i guddio 'mhen yn y tywod. A fo, o ganfod ein bod, drwy fwy o ras nag o haeddiant o bosib, wedi llwyddo, a'i ffawdheglodd hi ugain milltir dros y Bont i fod yn lladmerydd y newyddion da i minnau.

Ei ffawdheglu hi, meddwyd, er nad ffawdheglwr fu o am yn hir wedyn chwaith. Roedd yn rhaid dathlu ei ddyrchafiad yn Faglor yn y Celfyddydau yn weddus ac yn bropor, ac am ei fod wedi cynilo peth o arian y grant a ddyfarnwyd iddo gan Awdurdod Addysg ei sir ynghyd ag ychydig sylltau crintach a enillasai am bregethu ar y Suliau, yr oedd wedi gallu crafu digon i allu prynu car ail law. Er nad modur ail law yn union chwaith. Byddai cerbyd pedwerydd neu bumed llaw yn nes ati.

I Garej Currie Huws yn Llanfechell yr aethom ein dau. Ac yno bu bargeinio hir, hir a chaled cyn i'r coelbren yn y diwedd syrthio o blaid hen sgragyn o Fford Êt a hen, hen welsai ddyddiau gwell, un y bu raid i'w berchennog newydd mewn tristwch a gofid mawr orfod gweld hanner canpunt o'i enillion prin yn diflannu yn gyfnewid amdano.

Eithr nid yn werinwr ynghanol gwerin fflat a thlawd o bedestriaid mo Dafydd Henri wedyn, ond yn aristocrat olwynog yn torri cyt wrth lyw Bess, fel y bedyddiwyd yr hen siandri ganddo. Nid i'r briodas fu rhyngddynt fod yn un hapus, gytûn a llawn cytgord gydol yr adeg chwaith. Llawforwyn anwadal, styfnig ac oriog fu Bess ar ei gorau, rwy'n ofni. Gallai fod yn llawn stranciau o bryd i'w gilydd er na welid, hwyrach, ormod o fai arni chwaith am fod ei pherchennog newydd o bosib yn disgwyl gormod oddi wrthi, wrth iddo, ar waetha'i henaint a'i llesgedd, ei gwastrodi'n wyllt walltgo ar hyd y priffyrdd ac ar dro i'r caeau'n ogystal.

Rhyw gwta flwyddyn barodd y garwriaeth fregus a fu rhyngddynt cyn i Bess druan chwythu ei phlwc yn derfynol ac iddi ddod i derfyn ei rhawd ddaearol fel na ellid cynnig ei gwerthu na chwaith ei phrynu gan undyn byw arall byth mwy. Ei holynydd, os cofiaf yn iawn, oedd Enoch, er mai gyrfa ferhoedlog fu ei un yntau dan law meistr mor galed.

A beth am y daith er ehangu gorwelion gofiadwy honno a ymgymerwyd gan bump ohonom ar derfyn ein cyrsiau gradd? Tad Gareth, pob parch iddo (roedd Bess, a'n gwaredo, yn gwbl anaddas i'r pwrpas) oedd wedi ymddiried ei gar inni fynd ar y *Grand Tour* hwnnw mewn steil, a hynny, dealler, mewn cyfnod pan nad oedd jolihoetio ar y cyfandir mor ffasiynol ag ydyw y dwthwn hwn.

Teithiwyd miloedd o filltiroedd yn galifantio ar hyd ac ar led Ffrainc, yna drwy Basel a Zurich, Lutsern, Lugano, Montreux a Genefa yn y Swistir, a thros rannau helaeth o ogledd yr Eidal wedyn, heibio i Padua a Ferona a chan aros rai dyddiau i fwynhau gogoniannau Fenis.

Yr hogiau bob un yn eu tro'n cymryd arnynt y cyfrifoldeb o yrru'r cerbyd. Fel yr oedd pethau'n digwydd bod, ar Dafydd Henri y syrthiodd y cyfrifoldeb o fod wrth y llyw ar y pnawn Sul glawog hwnnw wrth inni ei hanelu hi drwy drafnidiaeth gwbl loerig Milan. Sôn am strach fu chwilio am eglwys fechan Santa Maria delle Grazie lle roeddem yn awyddus i gyrchu ati i weld y murlun enwog o'r Swper Olaf.

Buom droeon yn curo wrth ddrws tragwyddoldeb wrth i Eidalwyr ganu eu cyrn yn fygythiol arnom, gan olrhain achau ein gyrrwr i'r goedwig dduaf yn ystod yr hunlle honno o daith. Ein bod wedi goroesi oedd fawr ryfeddod am mai gyrrwr â'i ben yn y gwynt oedd Dafydd wastad, yn canolbwyntio mwy ar lunio telyneg neu soned oedd yn ei ben yn hytrach nag ar ei ddiogelwch ei hun a'i gyd-deithwyr.

Bu rhagluniaeth yn sicr o'n plaid y tro hwnnw, er hwyrach y dylid cofio nad oedd hynny'n ormod o syndod rywsut, chwaith. Onid dau o weision ufudd i'r rhagluniaeth honno, dau o egin weinidogion gydag enwad parchus y Bedyddwyr, oedd yn rhan o'r criw. Yn bendifaddau *Grand Tour* i'w gofio fu hwnnw.

Ar derfyn ei gwrs BD a dyddiau Bangor yn dod i ben yn 1960, derbyniodd alwad i fod yn weinidog Cilfowyr ac Abercuch yn sir Benfro. Yno y cyfarfu ag Enid, ac wedi iddynt briodi cododd ei bac i Fethel Llanelli cyn symud wedyn maes o law i'r Tabernacl yng Nghaerfyrddin.

Y cam nesa oedd ei apwyntio yn Warden Canolfan Langton ble bu'r ddau yn llafurio'n gydwybodol am ddeng mlynedd ac yn magu tri o blant. Yna cyn ymddeol dychwelodd i'r weinidogaeth fugeilio gan gynnau tân ar hen aelwydydd Cilfowyr, Abercuch a Blaenwaen unwaith yn rhagor. Cafodd brofiad hefyd o weinidogaethu yn America pan fu iddo gyfnewid â gweinidog o Pittsburgh ym Mhensylfania a chwe mis wedyn ym Mhatagonia, profiad a roddodd gymaint o fwynhad i'r ddau. Ac fel petai hynny chwaith ddim digon, yn hytrach na rhoi ei draed i fyny yn ei slipars yn Radyr, cymerodd ofal rhan amser o Ainon Ynyshir.

Mewn bywyd eithriadol o brysur bu hefyd yn olygydd y cylchgrawn *Antur*, yn Llywydd yr Undeb, yn gynghorydd sir, yn feirniad eisteddfodol ac yn arweinydd pererindodau. 'Pererindod yw pinacl profiad' oedd y slogan yr hoffai ei chwifio. Arweiniodd bererindod i Israel gymaint â deunaw o weithiau i gyd. Bu'n rhodio'r Via Dolorosa ar y naill law ac yn diosg ei esgidiau yn yr Al-Aqsa ar y llall, gan wneud ffrindiau ymhlith Moslemiaid ac Iddewon a chydaddoli hefyd yn gwbl ddidrafferth gydag Iddew mewn Synagog a Moslem mewn Mosg yn ninas sanctaidd y tair crefydd – hyn oll cyn i ryw ddihiryn ar y deunawfed tro yn hen ddinas Jeriwsalem fygwth rhoi cyllell yn ei gefn. Pylodd hynny ei awydd ac nis gwelwyd yn rhodianna yng Ngwlad yr Iesu byth wedyn. Roedd gwrando arno'n ddramatig yn adrodd y saga honno yn werth chweil!

Yr holl bethau hyn ac ychwaneg. Byw bywyd i'r eitha ac yn llawn. Pa ryfedd na fu ganddo hamdden i lenydda. Heb anghofio chwaith iddo ymaelodi ym mrawdoliaeth y Seiri Rhyddion gan ddod yn aelod selog, blaengar a brwdfrydig iawn o'r mudiad hwnnw wrth iddo arloesi i ffurfio cyfrinfeydd Cymraeg. Nid na fu i hynny ennyn gwg, hyd yn oed ar dro erledigaeth, o du rhai o'i frodyr yn y weinidogaeth. Ond o leia yr oedd yn gwbl agored ynghylch y peth canys ni cheisiodd gelu'r ffaith ei fod yn aelod. Buom ein dau yn dadlau'n ffyrnig ar sawl achlysur ynghylch y mater er na fyddai ef yn ildio'r un fodfedd chwaith. 'Fel aelodau o bob grŵp arall dan haul rhai digon ffaeledig ydym ninnau y seiri rhyddion,' dywedai, ond gan fynd rhagddo i haeru ymhellach, 'nad yw llygredd a ffafriaeth fymryn yn fwy tebygol yn ein plith ni ag yw ymhlith aelodau o blaid boliticaidd, aelodau o unrhyw glwb arall, neu yn wir aelodau capel neu enwad.' Gan ei gadael hi'n swta fel yna. Enigma felly oedd o.

Er mai pregethwr oedd o'n bennaf. Ac fel pregethwr y mynnai gael ei gofio. Yn wir, meithrinodd y ddawn honno i'w diwedd, i'r Sul olaf cyn ei ruthro'n derfynol i'r ysbyty.

Bu ganddo un bregeth y câi flas bob gafael ar ei thraethu. Hanes Elias yn ymlafnio yn erbyn proffwydi Baal ar fynydd Carmel oedd honno, gyda'r testun wedi ei godi o'r unfed adnod ar hugain o'r ddeunawfed bennod o Lyfr Cyntaf y Brenhinoedd: 'Ac Elias a ddaeth at yr holl bobl ac a ddywedodd – Pa hyd yr ydych yn cloffi rhwng dau feddwl? Os yr Arglwydd sydd Dduw, ewch ar ei ôl ef: ond os Baal ewch ar ei ôl yntau.'

Bu sawl fersiwn wahanol o'r bregeth honno ganddo ac fe'i traddodwyd yn ddramatig gydag arddeliad a blas rai dwsinau o weithiau. Fe glywais i ei thraethu ganddo o leia bedair gwaith onid rhagor.

Aethai ambell un o'n plith i edliw iddo fod yr hen bregeth honno wedi dechrau llwydo o'i thraddodi mor aml. Ac yn hytrach na fflogio yr un hen gaseg oni ddylai ei gollwng allan i bori, fel y dywedir! Ond dŵr ar gefn hwyaden fyddai'r cyfan. Chwerthin yn harti wnâi o. 'Jiw! Jiw! Pregeth Cyrdde Mawr yw honna. Mae'r saint wrth eu boddau 'da hi. Dydi pen Carmel byth yn heneiddio, dallta di … Mae o hyd yn newydd … mae yn llawn o'r nef …' A dyna roi caead ar biser unrhyw feirniad fel fi.

Traethwr huawdl odiaeth o'r pulpud felly. Adroddwr stori penigamp ar yr aelwyd yr un pryd. Gyda'r llais treiddgar hwnnw gallai droi y digwyddiad mwyaf distadl, o'i ddisgrifio ganddo ef, yn ddrama fawr, a phawb ar flaenau eu cadeiriau yn cael eu denu i wrando arno. Dim ond bod angen cymryd y cyfan efo pinsiad go helaeth o halen, wrth gwrs! Y gormodiaethu yn y pen draw a roddai'r blas ar y cyfan.

Ar ddydd Gŵyl Banc y gwanwyn 2018 cyfarfu'r tri ohonom, Dafydd, Hugh a minnau, yr hynafgwyr llawn dyddiau ag oeddem, am de prynhawn yng Nghaerdydd. Roedd hi'n amlwg oddi wrth ei wedd a'i ystum y diwrnod hwnnw bod yr ysgrifen ar y mur yn ei hanes, druan. Eto i gyd, ac er y gwyddem mai act fawr oedd y cyfan, roedd o'n mynnu taflu llwch i'n llygaid a rhoi'r argraff fod popeth yn union fel cynt, yn gwbl normal. Â'i anadl yn fyr daliai ar waetha'r cyfan i adrodd yr hen hanesion a glywson ganddo droeon ynghynt.

Hoffai yn arbennig adrodd yr hanesyn amdano'i hun yn stiwardio unwaith ym mhafiliwn yr Eisteddfod Genedlaethol rhywle. Byddai'r hen Gardi ynddo yn gwirfoddoli i gyflawni'r gwasanaeth hwnnw'n rheolaidd. Golygai hynny fynediad am ddim ac eisteddfod rad iddo.

Roedd seremoni'r coroni ar gychwyn a'r arweinydd o'r llwyfan yn galw ar y stiwardiaid i gau'r drysau ac i atal mynediad i ddim rhagor ddod i mewn.

Ac yntau ar fin cau y drws y gofalai ef amdano dyna ryw lafn o hogyn oddeutu deuddeg oed yn rhoi ei droed i mewn i geisio ei rwystro.

'Rhy hwyr,' cyhoeddodd y Stiward gyda holl awdurdod trefnydd Eisteddfod Genedlaethol Fenhinol Cymru y tu ôl iddo. Ond mynnai'r llefnyn apelio'n daer arno.

'Plis, plis, gadwch imi ddod i mewn.'

'Pam y dylet ti, y funud olaf fel hyn? Lle rwyt ti wedi bod?' arthiodd Dafydd arno eilwaith.

'Isio gweld Nain yn ei dillad gwyrdd yn yr Orsadd yr ydw i, syr,' atebodd yr hogyn trachefn, a hynny â mwy hyd yn oed o daerineb na chynt.

'A phwy ydi dy nain di felly?' holodd yntau, â'i amynedd ar ballu.

'Missus hon a hon syr ... plis ... plis ...'

Syrfdan y safodd y stiward o sylweddoli fod y llafn a safai o'i flaen yn ŵyr i un a fu'n hen 'fflêm' iddo yntau unwaith.

'Be wnest ti, Dafydd?' holodd un ohonom.

'Wel, agor y drws led y pen i'r bachgen, debyg iawn,' atebodd yntau, 'gan ddeud *pass by good friend* wrtho ... petai ddim ond er mwyn yr hen amser, yntê. Wedi cyfan fe allwn i fod yn daid mor rhwydd â dim i un tebyg iddo fe.' A chan chwerthin yn uchel lond y lle.

Cyn gadael y prynhawn hwnnw mynnodd fy atgoffa fod dydd pen blwydd i mi yn agosáu. Dechreuodd ffowla mewn rhyw satsiel a ddaethai i'w ganlyn gan dynnu allan ohono botel o win coch, fintej gorau Tesco fel yr haerodd, ynghyd â cherdyn yn ogystal ar gyfer yr achlysur.

Yr oeddwn i'n safnrhwth. Potel o win a cherdyn, myn brain! Ac meddwn i wrtho yn anniolchgar braidd, 'Ddaeth 'na erioed yn fy mywyd y fath haelioni annisgwyl o law hen Gardi o argyhoeddiad o'r blaen.'

Fe'm siglwyd gan ei ateb. 'Gwna'n fawr ohonyn nhw rhag ofn na fydd na byth yr un arall eto.' Hynny rhwng rhyw ddifri a chwarae. Mewn mwy o ddifri, fel y tybiwn. A chan ysgwyd llaw yn hir a chynnes wrth fynd drwy'r drws.

Un prynhawn ymhen pythefnos canodd cloch y ffôn. Rhywun a'i lais yn bur floesg yn ceisio datgan, 'Wil, bachan, Dafydd sydd yma ... ar fy nghefen, rwy'n ofni, yn Ysbyty'r Waun. Niwmonia medden nhw ... un peth wn i yw fod fy anal yn sobor o fyr ... cofia fi at bawb ... rhaid inni gael aduniad tebyg yn y fflat yn reit fuan eto ... unwaith y do' i allan o'r hen le yma ...'

Dim ond pum niwrnod yn ddiweddarach daeth galwad eto. Hugh y tro hwnnw, yn torri'r newydd bod y cyntaf o'r pump a aethai efo'i gilydd ar y *Grand Tour* hwnnw drigain mlynedd ynghynt wedi'n gadael ac wedi cychwyn ar *Grand Tour* arall, un go wahanol ac unig y tro hwnnw, un y byddai raid iddo ei fentro ar ei liwt ei hun.

* * *

Cofiaf un tro, a minnau'n treulio rhai dyddiau yn Gwarffordd, ei gartref mynyddig uwchlaw Ffair Rhos, inni dreulio diwrnod cyfan yn crwydro hyd unigeddau Elenydd, ei hen gynefin, y llymder anial byd di-goed hwnnw, heb weld yr un enaid byw am oriau meithion.

Trannoeth mynodd fynd â mi i'w hoff fangre – i Ystrad Fflur, ble buom, y ddau fyfyriwr israddedig hollwybodol ag oeddem, yn ceisio arddangos ehangder ein dysg a'n diwylliant, a'n gwybodaeth ddihysbydd, gerbron y gofalwr yno drwy raffu llinellau o gywyddau Dafydd ap Gwilym wrth y llathenni.

Oedi ychydig yn y tawelwch o dan yr 'ywen brudd' tra bod yr hen gyfaill nad oedd ar y pryd ond cwta ugain oed a heb bryderon o fath yn y byd yn lled sibrwd wrtho'i hun:

Pan rodiwyf daear Ystrad Fflur
O'm dolur ymdawelaf.

Minnau'n tynnu arno drwy edliw nad oedd ganddo ef, y pryd hwnnw doedd bosib, fawr o 'ddoluriau' i ymboeni o'u plegid.

Eithr yno y cludwyd o bellach, a dyna'r man ble mae heddiw yn ymdawelu o'r doluriau hynny a'i goddiweddodd ar derfyn ei oes. Fel mai'r gwir amdani yw bod yna ddau Ddafydd yn gorffwyso yn Ystrad Fflur erbyn hyn – Dafydd ap Gwilym a Dafydd Henri.

Hwyrach nad oedd Dafydd ap Gwilym, hyd y gwn i beth bynnag, yn Fesn mwy nag ydoedd yn Fatus – er, o feddwl,

choelia i fyth nad oedd gan y ddau ddigon o bethau eraill oedd
yn eitha cyffredin rhyngddynt. A melys, dybia i, yw'r seiadu sy'n
digwydd rhwng y ddau yno.

Ffarwél, yr hen ffrind. Dim ond llond dwrn o rai tebyg iti,
os cymaint â hynny, sy'n weddill bellach a all sgubo proffwydi
Baal mor ddirmygus o'r neilltu, fel y llwyddaist ti â'th huotledd
dramatig mor gyson gydol y blynyddoedd.

Jiw! Jiw! Mae'n chwithig ar dy ôl.

Eisteddfod Genedlaethol
Urdd Gobaith Cymru
Dolgellau . . 1960

CERDDI'R GADAIR

CASGLIAD AMRYWIOL O GERDDI

(1/-)

SWYDDFA'R URDD ABERYSTWYTH

Ein Prifardd

Ar yr ail o Ionawr, 1936, y ganwyd DAFYDD H. EDWARDS yn Ffair Rhos, Ceredigion. Fe'i addysgwyd yn Ysgol Gynradd Pont-rhydfendigaid ac Ysgol Sir Tregaron. ac aeth ymlaen oddi yno i Goleg y Brifysgol, Bangor, â'i wyneb ar y Weinidogaeth gyda'r Bedyddwyr. Cafodd yrfa lwyddiannus yn y coleg, a graddiodd mewn Cymraeg a Hanes Cymru dair blynedd yn ôl. Aeth rhagddo i Goleg Diwinyddol ei enwad ym Mangor, a safodd yr arholiadau terfynol am radd B.D. eleni. Derbyniodd alwad i fugeilio eglwysi Abercych a Chilfowyr, Sir Benfro, ac fe'i sefydlir yn weinidog arnynt y mis nesaf.

Bu'n barddoni ers pan yn grwt: anfonai benillion i Myfyr Hefin i'w cyhoeddi yn 'Seren yr Ysgol Sul' ; cipiodd gadair Eisteddfod Ysgol Sir Tregaron deirgwaith ; enillodd ar soned a thelyneg yn adran ieuenctid Eisteddfod Genedlaethol Cymru ; a daith yn ail un tro am goron Eisteddfod Myfyrwyr y Colegau. Gwelwyd ei waith mewn amryw gylchgronau, ac yn eu plith 'Blodau'r Ffair'. At y diddordeb hwn mewn barddoni, bu'n olygydd cylchgrawn Coleg y Brifysgol, Bangor, ac yn aelod o dîm buddugol Coleg y Bedyddwyr, Bangor, yn ymryson areithio'r colegau yn 1958-59.

Er iddo arbrofi ychydig gyda'r cynganeddion, gwell ganddo'r mesurau rhydd ; ac o'u mysg hwy, y soned yw ei hoff ffurf. Wedi cystadlu cryn dipyn mewn eisteddfodau lleol, cred y dylai'r 'hen ddwylo' gadw draw o'r rheini a rhoi cyfle i brentisiaid ac egin-feirdd.

Nid oes neb o'n prifeirdd a ddylanwadodd yn uniongyrchol ar Ddafydd Edwards. Y dylanwad mawr oedd awyrgylch Ffair Rhos—pentref ac ardal a gododd nythaid o feirdd gwlad gwerth gwrando arnynt. Cofia'r llanc hwn am y seiadau mynych yng ngweithdy Tomos Ifans y crydd yng nghwmni Dafydd Jones, y diweddar Evan Jenkins ac eraill o feirdd y fro, a da ganddo gael cydnabod ei ddyled iddynt.

—1—